L'ART DU TEMPS

« Diplomatie et stratégie »
Collection dirigée par Emmanuel Caulier

Dernières parutions

Cantal-Nina KOUOH, *Diplomates indépendants. Emergence d'un statut. La dynamique des diplomaties non gouvernementales à l'orée du XXIe siècle*, 2015.
Raymond H. A. CARTER, *Comment se défendre verbalement au quotidien. La parole, arme ultime de la « communication psychotactique »*, 2014.
Raymond H. A. CARTER, *Guide pratique de survie en zone urbaine et en campagne*, 2014.
Alain OUDOT DE DAINVILLE, *Faut-il avoir peur de 2030 ?*, 2014.
Lambert ISSAKA, *La grande chute*, 2014.
Abdul Naim ASAS, *Les enjeux stratégiques de l'Afghanistan*, 2013.
Guy SALLAT, *Décider en stratège. La voie de la performance*, 2013.
Arnaud MAILHOS, *Les travailleurs birmans dans le nord de la Thaïlande. Géopolitique d'un pays clandestin*, 2013.
Mehdi LAZAR, *Espace et histoire de l'université américaine, De Bologne à Harvard*, 2013.
Nathalie BORDEAU (dir.), *L'Intelligence Économique à l'épreuve de l'éthique*, 2013.
Stéphane Charles NATALE, *Business à risque à Bagdad. Le retour des entreprises françaises en Irak*, 2012.
Arnaud MAILHOS, Nicolas MEUNIER, Juliette SIMONIN, *La vague noire en Israël. L'ultra-religiosité menace-t-elle l'Etat hébreux ?*, 2012.
Naim Abdul ASAS, *Analyse de la représentation afghane*, 2012.
Medhi LAZAR, *Délocalisation des campus universitaires et globalisation de l'enseignement supérieur. Le cas du Qatar*, 2012.
Alexandre HENRY, *La privatisation de la sécurité. Logiques d'intrusion des sociétés militaires privées*, 2011.
Fazil ZEYLANOV, *Le conflit du Haut-Karabakh, une paix juste ou une guerre inévitable : une approche historique, géopolitique et juridique*, 2011.

Olivier Lajous

L'Art du temps

*

essai

© L'Harmattan, 2015//
5-7, rue de l'École-Polytechnique, 75005 Paris

www.harmattan.com
diffusion.harmattan@wanadoo.fr
harmattan1@wanadoo.fr

ISBN : 978-2-343-05809-2
EAN : 9782343058092

SOMMAIRE

Préface de Denis Terrien — 7

Prologue — 11

L'Homme et le temps — 17

L'histoire de la mesure du temps — 25

Le temps d'entreprendre — 37

Le temps de travail — 47

Le temps de la réflexion — 87

Le temps de la science et de l'univers — 101

Le temps de l'art et des civilisations — 109

Epilogue de Franck Morel — 125

Postface de Marcel Grignard — 133

PREFACE

Denis Terrien
Président d'Entreprise & Progrès

En 1905, Albert Einstein, par la théorie de la relativité, nous fait prendre conscience que le temps est une quatrième dimension de l'espace. Au cours du 20ème siècle, la volonté de dépasser ces deux limites, l'espace et le temps, est un moteur puissant pour l'homme qui cherche à dominer le monde qui l'entoure.

A l'heure où nous sommes capables de recevoir des photos de la sonde Philea posée sur la comète Tchourioumov-Guérassimenko à cinq cent millions de kilomètres de la terre, à l'heure où la financiarisation du monde dépasse notre entendement avec des transactions électroniques réalisées à la nano seconde, à l'heure du transhumanisme qui souhaite tout normer, contrôler et changer, il est temps, me semble-t-il, de se poser et de réfléchir sur le sens que nous souhaitons donner à notre vie.

Bien que nous ne soyons que des infimes grains de sable dans l'immensité de l'univers, certains ont la volonté, pour les moins fous, ou la certitude, pour les plus fous, de dominer l'espace qui nous entoure. Cette quête de domination de l'espace pousse l'homme à croire que le contrôle de tel processus ou la définition de telle norme ou règle le conduira à son épanouissement, alors qu'il pourrait bien ne le conduire qu'à son esclavage.

De même, l'obsession de dominer, de contrôler le temps, la poursuite compulsive de résultats immédiats, est un déni de l'homme. La transformation de l'homme prend du temps. Cette question de l'équilibre entre l'espace et le temps est au cœur des préoccupations des responsables de la cité, qu'ils aient des responsabilités politiques, économiques, spirituelles, culturelles ou militaires.

Pour le politique, c'est le choix de l'action pour le bien commun plutôt que l'échéance de la prochaine élection. Pour le responsable économique, c'est le choix radical du résultat pour le moyen ou le long terme au détriment du gain trimestriel. Enfin, pour le responsable spirituel, culturel ou militaire, c'est accepter et intégrer la mémoire et l'histoire pour mieux définir l'avenir.

Oserons-nous *« laisser le temps au temps »* comme le prônait Cervantès ? Oserons-nous la confiance ? Sommes-nous prêts à accepter que le temps de l'homme est supérieur à l'espace du pouvoir ?

Olivier Lajous nous plonge au cœur de ce sujet essentiel en questionnant le rapport de l'homme au temps, en visitant l'histoire de la mesure du temps, en nous faisant réfléchir sur les choix qui nous sont donnés pour vivre le temps que nous avons, que ce soit le temps d'entreprendre, le temps de travail, le temps de la réflexion, et plus largement en explorant le temps de la science, le temps de l'art et le temps de nos civilisations.

Apprécions ce livre comme un beau voyage dans le temps. Qui de mieux placé que l'amiral Olivier Lajous, qui a travaillé la pâte humaine par toutes les mers et par tous les temps, pour nous apporter son témoignage

PROLOGUE

Mars 2002. La nuit est claire, l'air frais et pur. L'horizon scintille au loin sur le miroir de la mer argentée de lune, le temps me semble comme suspendu. Seuls le ronronnement des machines et le bruissement de l'océan sur lequel glisse le navire me rappellent au présent. J'aime ces instants en mer où les temps se mêlent, jour, nuit, passé, présent, futur, jours, semaines, mois, saisons, heures, minutes, secondes.

Le temps ?

Il a toujours été pour moi source de questionnement. Est-il, comme l'indiquent les montres molles de Salvador Dali[1], une vaine obsession ? Une tentation désespérée de repousser le temps de la mort ?

Est-il irréversible, comme le suggère Jean-Paul Sartre dans *La Nausée* ? *« Le sentiment d'aventure ne vient décidément pas des événements : la preuve en est faite. C'est plutôt la façon dont les instants s'enchaînent. Voilà, je pense, ce qui se passe : brusquement on sent que le temps s'écoule, que chaque instant conduit à un autre instant, celui-ci à un autre et ainsi de suite ; que chaque instant s'anéantit, que ce n'est pas la peine d'essayer de le retenir, etc. Et alors on attribue cette propriété aux événements qui vous apparaissent dans les instants ; ce qui appartient à la forme, on le reporte sur le contenu. En somme, ce fameux écoulement du temps, on en parle beaucoup, mais on ne le voit guère. On voit une femme, on pense qu'elle sera vieille, seulement on ne la voit pas vieillir. Mais, par moments, il semble qu'on la voit vieillir*

---

[1] *« La persistance de la mémoire »*, Salvador Dali, 1931.

et qu'on se sente vieillir avec elle : c'est le sentiment d'aventure. On appelle ça, si je me souviens bien, l'irréversibilité du temps. Le sentiment de l'aventure serait, tout simplement, celui de l'irréversibilité du temps. Mais pourquoi est-ce qu'on ne l'a pas toujours ? Est-ce que le temps ne serait pas toujours irréversible ? Il y a des moments où on a l'impression qu'on peut faire ce qu'on veut, aller de l'avant ou revenir en arrière, que ça n'a pas d'importance ; et puis d'autres où l'on dirait que les mailles se sont resserrées et, dans ces cas-là, il ne s'agit pas de manquer son coup parce qu'on ne pourrait plus recommencer ».

Voilà des semaines qu'avec les 320 hommes et femmes de l'équipage de la frégate De Grasse nous naviguons au large des côtes iraniennes et pakistanaises. A quelques milliers de kilomètres de là, dans le nord-est de l'Afghanistan, la guerre fait rage. La frégate que je commande participe à l'opération *Enduring Freedom* déclenchée après les attentats du 11 septembre 2001 contre les deux tours du World Trade Center à New-York.

Depuis cinq jours nous sommes engagés dans une phase de l'opération baptisée *Anaconda*, sous commandement américain. Nous assurons l'escorte du porte-avions américain USS Carl Vinson dont les avions sont régulièrement catapultés pour aller bomber les positions talibanes en Afghanistan, dans la vallée de Shahi Kot (province de Paktia). A cet instant, les heures semblent des secondes.

Plusieurs fois dans ma vie de marin de l'Etat j'ai été confronté à ces situations, notamment pendant le conflit entre l'Iran et l'Irak dans le golfe arabo-persique en 1980/1981, en méditerranée au large du Liban en guerre en 1983/1984, puis de la Lybie alors en conflit avec le Tchad en 1985, devant Aden en 1986, le Yémen soumis à une meurtrière guerre civile, puis de nouveau dans le golfe arabo-persique et la mer d'Oman en 1988/1989 alors que s'amorçait la première guerre du golfe, et au sud de la mer rouge en 1996 tandis que le Yémen et l'Erythrée se disputaient la propriété des îles Ḥānīsh.

Au cours de toutes ces opérations, j'ai été interpellé par l'alternance des temps, celui des longues journées et nuits de veille rythmées par les quarts quotidiens qui s'égrènent lentement, puis soudain celui de l'action soudaine, fugace, parfois brutale, où les heures défilent en accéléré.

L'homme est émotion plus qu'équation. Ses perceptions de la vie, dont celle du temps, sont imprégnées plus ou moins consciemment par ses émotions. Le temps n'a de rationnel et de formel que son caractère codifié. Dans la réalité, il est ce que nous en faisons dès lors que notre esprit se libère.

La relativité émotive du temps est poétiquement évoquée dans le roman de l'écrivain britannique Charles Lutwidge Dodgson, plus connu sous le nom de Lewis Carroll, dans son livre « *Les aventures d'Alice au pays des merveilles* ».

Tandis qu'Alice s'ennuie auprès de sa sœur qui lit un livre sans image ni dialogue, un lapin blanc aux yeux roses, paré d'une redingote rouge et d'une montre à gousset, passe près d'elle en courant, sort la montre de sa poche et s'écrie : « *Je suis en retard ! En retard ! En retard !* » puis s'engouffre dans son terrier. Alice le suit aussitôt sans s'inquiéter de ce qui va se passer et fait une chute interminable qui l'emmène dans un monde étrange et merveilleux où le temps est déréglé, au point qu'il n'y en a jamais assez pour le lapin blanc toujours pressé, ou pour le Chapelier fou qui est condamné à vivre éternellement à l'heure du thé.

Insouciante et curieuse, Alice est un personnage patient et attentionné envers les êtres étranges qu'elle rencontre au pays des merveilles, lieu en apparence absurde qui dénonce l'ordre établi du monde, et notamment celui du temps. Le temps n'est pas un problème pour Alice qui vit pleinement l'aventure qui lui est proposée.

Peter Pan, autre personnage célèbre de la littérature et du cinéma, sert également d'interprète à l'un de nos questionnements les plus récurrents : sommes-nous à la merci du temps ?

A travers les personnages d'un enfant, d'un capitaine pirate et d'un crocodile muni d'une montre au lancinant tic tac, l'écrivain écossais James Matthew Barrie nous invite à ce questionnement en nous faisant vivre au *« pays de l'imaginaire »* où les adultes sont obsédés par le temps, tandis que les enfants ne s'en préoccupent pas, si ce n'est par la crainte d'être un jour adulte.

Confrontés à la notion du temps, Peter Pan et le capitaine Crochet la vivent différemment : Peter Pan craint la mort de l'esprit, tandis que le capitaine Crochet craint la mort du corps. Cette dissociation de l'esprit et du corps illustre le fait que si nous ne pouvons échapper au vieillissement de notre corps, rien ne nous interdit de vivre et de grandir en laissant toute sa place à notre imagination. Sans pouvoir abolir le temps, nous avons l'immense pouvoir de nous en affranchir par l'imagination. En vivant ses rêves avec Wendy et la fée Clochette, en poursuivant le capitaine Crochet, Peter Pan vit pleinement ses émotions, et le temps ne s'impose pas à lui.

Parce que nous les humains avons ce pouvoir d'émotion et d'imagination, osons une approche novatrice du temps en prenant conscience des frontières de plus en plus ténues entre le temps professionnel et le temps personnel, et en exploitant au mieux les incroyables possibilités de la numérisation et de la mondialisation de l'économie et de l'information.

Sortir de la tyrannie du temps, celui du travail comme celui de la vie quotidienne, familiale et sociale, est un enjeu majeur pour nos sociétés désormais toutes réunies dans ce que j'appelle le monde de *l'instantanéité plurielle*, du tout, tout de suite, partout, n'importe où et n'importe quand.

Parce que nous avons créé ce monde mondialisé et numérisé, il nous faut imaginer comment le rendre supportable pour nos esprits et nos corps en s'inspirant de cette parole du frère Samuel Rouvillois : « *Pourquoi donc toujours plus vite signifierait t'il meilleur ? Pourquoi au contraire ne pas apprendre à perdre du temps pour mieux aimer ? »*.[2]

Tel est le fil directeur de cet ouvrage qui prolonge celui que j'ai consacré à « *L'Art de diriger ? »*.[3]

---

[2] Ordonné prêtre en 1988, docteur en philosophie et théologien, doyen en philosophie de la communauté des frères de Saint Jean, il défend l'économie à finalité humaine et accompagne de nombreux dirigeants en entreprises.
[3] « *L'Art de diriger ?* » Olivier Lajous, L'Harmattan, avril 2013.

L'HOMME ET LE TEMPS

Bien plus que la simple estimation à des fins pratiques de la durée des années, des saisons, des mois, des semaines, des heures, minutes et secondes, le temps préoccupe l'esprit humain depuis l'antiquité.

Qu'elle ait pour origine des références scientifiques, philosophiques, culturelles ou cultuelles, cette interrogation a des effets parfois dévastateurs sur le comportement humain, générant de l'inquiétude, du désespoir, de la peur, voire de la violence.

Parce que le temps d'une vie humaine est compté, parce que nul ne sait combien de temps il lui reste à vivre, parce que comme le disait Touiavii, aborigène chef de la tribu de Tiavéa dans les îles Samoa au début des années 1900, la relation du Papalagui (l'homme blanc) avec le temps est source récurrente de plainte : « Le temps me manque », *« Je n'ai pas le temps »*, *« Laissez-moi encore un peu de temps »*, *« J'ai perdu mon temps »*, et que l'objectif du Papalagui est que son temps soit *« le plus dense possible »*, la relation de *« l'homme blanc »* au temps est anxiogène.

En 1950 le théologien jésuite Pierre Teilhard de Chardin écrivait : « *C'est une chose terrible d'être né, c'est-à-dire de se trouver irrévocablement emporté sans l'avoir voulu dans un torrent d'énergie formidable qui paraît vouloir détruire tout ce qu'il entraîne en lui »*.

C'est cette anxiété qui explique le lien étroit entre le temps et la violence humaine. Dès que nous sommes pressés, que nous craignons d'être en retard, de ne pas remplir le temps comme nous le désirons, notre impatience devient rapidement violence.

Pour tenter de répondre à l'anxiété humaine, toutes les sociétés ont au fil des siècles tenté d'apporter des réponses au questionnement sur le temps, la plupart d'entre elles tournant autour de thèmes dictés par la condition humaine : la permanence de l'univers face à la vie éphémère de l'homme, et son rêve d'immortalité.

L'incertitude est le socle permanent de la vie humaine. Elle est insupportable pour celles et ceux qui tentent désespérément de la contrôler en développant des idées toujours plus sophistiquées de principes de précaution et de sécurité. Mais, quand bien même certains de ces dispositifs peuvent donner le sentiment de faire reculer l'incertitude, celle-ci reste la seule règle fondamentale de notre univers.

Souvenons-nous qu'il a suffi d'une infime oscillation de l'axe de rotation de la terre pour passer du paléolithique glacial au néolithique tempéré, ouvrant ainsi la voie au développement humain sur notre planète. Qui sait quand aura lieu la prochaine oscillation de l'univers ? Et qui ose croire qu'il est figé à jamais ? Sans sombrer dans la terreur de la fin du monde, ayons conscience de cette règle de l'incertitude pour mieux aimer la vie qui nous est donnée.

L'amour de la vie est la meilleure réponse à opposer à la peur de l'incertitude, ainsi qu'à la violence qui trop souvent hélas sévit entre les humains.

Cette incertitude du temps, si difficile à admettre et pourtant si présente dans nos vies, toutes les cultures humaines tentent de l'exprimer à travers les langages, les arts, les sciences, les mythes, les rites, les us et les coutumes, les organisations politiques ou philosophiques et les religions. Toutes n'ont pas la même vision du temps. La différence la plus évidente est celle de la perception linéaire du temps, présente en Occident, et l'approche cyclique du temps, qui s'exprime en Asie et en Amérique précolombienne.

Si, dans la quasi-totalité des cultures humaines, le locuteur se présente avec le futur devant et le passé derrière lui, des peuples amérindiens, africains et indiens ont une conception du temps inversée : le passé se trouve devant le locuteur, tandis que le futur se trouve derrière lui : *« Nous n'héritons pas de la terre de nos ancêtres, nous l'empruntons à nos enfants ».*[4] Le futur est derrière nous puisque le passé l'engage !

Héritée du védisme, la croyance en une même durée cosmique régulièrement renouvelée se retrouve dans le brahmanisme et l'hindouisme. Le cosmos est assujetti à un renouvellement cyclique infini, périodes de destruction et de reconstruction se succédant pour redonner naissance au même Univers. Cette vision cyclique se retrouve notamment dans le bouddhisme, à travers la croyance en la réincarnation.

En Occident, la tradition judéo-chrétienne présente le temps comme une révélation, car c'est Dieu qui le crée et en offre l'usage aux hommes. La volonté de Dieu s'exprime dans une dualité toute différente des croyances bouddhiques et hindouistes : le temps y est étroitement borné par la Création et l'Apocalypse, et il est en même

---

[4] Proverbe indien ou africain cité dans « *Terre des Hommes* », Antoine de Saint-Exupéry, 1939.

temps considéré comme universel et éternel, car d'origine divine. Dieu donne le temps.

Ainsi, le temps chrétien est pour les croyants un temps d'espérance, de promesse, de délivrance attendue : sa fin, la mort, est un retour vers le divin. À l'inverse, le temps intime de la culture hindouiste est un temps de la permanence et de l'introspection, où l'homme joue un rôle dans sa destinée.

Parallèlement, des peuples d'Amérique du Sud, tels les Incas, ont privilégié une dimension rituelle du temps, où la discontinuité prévaut. L'analyse des calendriers est à ce titre très riche, comme nous le verrons dans le prochain chapitre.

Enfin, à une moindre échelle spirituelle sans doute, l'artisan, l'ouvrier, le paysan, le marin, le montagnard, l'employé ou le cadre supérieur ne partagent pas exactement la même notion du temps quotidien. Chacun vit le temps en fonction de son environnement de travail. Un dicton bien connu résume cette perception : « *Chacun voit midi à sa porte* » ! Le temps des campagnes n'est pas celui des usines ou des villes, celui des vols transcontinentaux pas celui des traversées océaniques, celui d'un athlète de sprint pas celui d'un marathonien etc.

Les bases culturelles jouent aussi un rôle très important dans la perception globale du temps. Toutes les traditions populaires, plus ou moins conscientes, ont une influence sur la perception du temps, que ce soit dans les arts, les sciences ou la philosophie. Elles manifestent les croyances d'un peuple à une époque donnée. Ainsi, la conception du temps dans les premiers âges de l'humanité était directement liée au divin, lien qui au fil des siècles est devenu plus distant, voire même rejeté.

Aujourd'hui, là où les mythes et les religions perdurent, le temps du quotidien subit les assauts de l'instantané pluriel : accès immédiat à l'information et à la connaissance, production massive de biens de consommation rapidement accessibles, déplacements d'un continent à l'autre en quelques heures, etc. L'ensemble des actes quotidiens s'accélère, les contraintes du temps nécessaire à leur réalisation étant réduites autant que possible.

L'avènement du numérique dans notre vie quotidienne et la mondialisation de l'économie sont les deux ruptures majeures des récentes décennies. En moins de 50 ans, ce qui est une nanoseconde à l'échelle de l'histoire de notre humanité, notre monde s'est planétarisé et numérisé, bousculant notre rapport au temps, à l'espace, aux autres humains, au monde du travail comme à celui des loisirs.

Désormais reliés plus ou moins virtuellement les uns aux autres par les moteurs de recherche et les réseaux sociaux d'Internet, les outils numériques de transferts de données, les satellites, mais aussi les câbles et les conteneurs chargés de marchandises de toute nature sillonnant les océans, et les avions ou trains à grande vitesse reliant les régions, pays et continents en quelques heures, il nous faut nous adapter à l'instantanéité plurielle.

Comment ne pas être bousculés quand, en moins d'un siècle, une autre nanoseconde à l'échelle de notre histoire humaine, nous sommes passés d'une population à 70% paysanne à une population à 80% citadine dans les pays dits développés ? Le temps des villes et celui des campagnes n'est à l'évidence pas le même !

Quelques autres chiffres saisissants : un mariage sur huit dans le monde est désormais contracté via Internet. Chaque jour, Google reçoit plus de 800 millions de demandes de recherche, tandis que plus de 13 milliards de courriels sont échangés et 3 000 livres sont publiés. 150 millions d'appels téléphoniques par mobiles sont passés chaque seconde. 150 millions d'ordinateurs sont vendus chaque année, et grâce à ces ordinateurs, nos connaissances doublent chaque année, nous permettant l'accès en une semaine à une somme d'informations équivalente à celle que pouvait recevoir un être humain en toute une vie il y a 100 ans ! L'écriture passe désormais par des claviers et des écrans tactiles, voire des transcripteurs de voix, bien plus que par les crayons et stylos!

Cependant, le temps culturel n'a jamais été, et ne sera jamais le temps de l'économie et de la technologie. La lenteur est une caractéristique fondamentale du rythme des sociétés humaines, lenteur qui assure leur cohésion. Aujourd'hui, le temps de la réflexion et celui de l'action entrent en concurrence et se distordent, jusqu'à parfois faire éclater les repères psychologiques et physiologiques.

Comment ne pas être interpellé par le fait que dans les zones urbanisées, où le temps personnel est très souvent sacrifié pour aller toujours plus vite, la consommation de médicaments du type psychotropes explose ?

Passés en moins d'un siècle du temps naturel, celui des labours, au temps industriel, celui des usines, nous voilà désormais confrontés au temps de l'instantané pluriel, celui du numérique. Réinventer notre rapport au temps est plus que jamais un enjeu de civilisation! Car, le temps de l'instantanéité pluriel qui s'évapore à la vitesse d'un éclair, tue la conscience, favorise le relativisme, voire le cynisme, mais aussi l'individualisme et le mimétisme. De tempérament optimiste, je veux croire que loin de nous condamner à nous isoler les uns des autres, le numérique au contraire nous aide à créer de nouveaux liens. Ainsi, tandis que jeune adolescent, je ne voyais mes cousins et cousines au nombre de quarante que pour les mariages et les enterrements des membres de ma famille, aujourd'hui, grâce à Facebook, je suis en contact régulier avec mes quarante neveux et nièces.

Apprendre à aimer le temps, celui de se retrouver soi-même, mais aussi de le partager avec d'autres, c'est apprendre à aimer la vie faite d'intelligence émotionnelle et de conscience sans cesse en devenir. Courir après le temps n'a de sens que si c'est pour grandir en intelligence et conscience, en liberté, fraternité et humanité. Refuser de donner du temps au temps revient implicitement à refuser la vie.

L'HISTOIRE DE LA MESURE DU TEMPS

L'étude de l'histoire de la mesure du temps est très instructive. Elle démontre combien pour les humains le temps a toujours été une notion majeure s'appliquant à tous les actes de leur vie quotidienne.

Comprendre la mécanique du temps pour la mettre au service de son besoin de chasser, de labourer, de manger, de dormir, d'agir, de se nourrir, de dormir, d'inventer, d'entreprendre, de jouer, de rêver, de créer etc. est depuis l'origine de l'humanité une préoccupation de l'Homme.

Des premiers calendriers et clepsydres aux plus récentes des horloges atomiques, cette quête inlassable de la mesure du temps est source de la plupart des cauchemars humains.

Le calendrier.

Très tôt dans l'histoire de notre humanité, la régularité de certains événements astrologiques, météorologiques, biologiques etc. a permis de quantifier le temps. Ainsi sont nés les calendriers et les instruments de mesure du temps, clepsydres, sabliers, cadrans solaires puis horloges.

Le calendrier ne relève pas à proprement parler de la mesure du temps. C'est un compte des années, et celui des jours, semaines et mois qui les composent.

La majorité des calendriers sont définis par rapport aux cycles du soleil ou de la lune.

Un calendrier solaire est un calendrier dont les dates indiquent la position de la Terre sur son orbite de révolution autour du soleil. La durée moyenne d'un mois solaire est de 29,530588 jours, et celle d'une année solaire de 365,24219 jours.

Un calendrier lunaire est un calendrier réglé sur les phases de la Lune. Un mois y représente une lunaison, soit environ 29,53 jours.

Un calendrier lunaire qui prend également en compte les saisons est un calendrier luni-solaire. La plupart des calendriers lunaires sont luni-solaires, tels les calendriers hébreu, samaritain, chinois, tibétain ou hindou. Pour arriver à faire correspondre le cycle des saisons avec celui des mois, ces calendriers sont basés sur un calendrier lunaire où l'année est ajustée environ tous les trois ans avec un mois intercalaire. Les années n'ont donc pas toutes le même nombre de jours. En effet, douze mois lunaires ont une durée approximativement égale à 354 jours (12 × 29,5), soit 11 jours de moins qu'une année solaire, ce qui produit très vite une dérive des saisons.

Les calendriers luni-solaires sont utilisés par plusieurs civilisations antiques comme les Chinois, les Grecs, les Romains, les Gaulois et les Macédoniens, fort probablement afin de suivre le rythme des saisons pour des raisons agricoles dans les régions tempérées aux saisons bien marquées.

Le seul calendrier purement lunaire qui soit encore réellement utilisé à grande échelle de nos jours est le calendrier musulman.

Par ce rapide rappel, on comprend la difficulté à laquelle les civilisations ont été confrontées pour mettre au point des calendriers en parfaite coïncidence avec la réalité de la période de référence choisie : année solaire et mois lunaire.

Ainsi, plusieurs calendriers se sont succédés ou ont coexisté à travers l'Histoire : romain, julien, grégorien, orthodoxe, hébreu, musulman, copte, hindou, égyptien, zoroastrien, inca, chinois ou encore républicain. Chaque grande civilisation a eu son propre calendrier ; c'est un moyen de marquer son époque et la puissance de sa culture.

Les premières traces de véritables calendriers remontent à l'Égypte et aux Mayas et Aztèques chez qui les prêtres sont aussi astronomes et possèdent un calendrier bien plus précis qu'en Europe à la même époque.

En l'an 45 avant l'ère chrétienne, Jules César demande à l'astronome Sosigène de réformer le calendrier romain qu'il considère peu précis. Sosigène invente alors le calendrier julien qui, en intégrant le principe des années bissextiles, rapproche la durée de l'année calendaire de celle de l'année astronomique, soit 365,25 jours, avec un décalage de trois jours tous les 400 ans.

En 1582, le calendrier julien accuse de fait un retard de 11 jours sur l'année astronomique. Les débuts des saisons calendaires se produisent de plus en plus tôt, et les religieux ont la sensation de ne plus fêter Pâques à la bonne date. Le pape Grégoire XIII demande alors à l'astronome Luigi Giglio d'établir un nouveau calendrier. Ce dernier propose que les années centenaires ne soient bissextiles que si elles sont divisibles par 400, et il fixe la date de l'équinoxe de printemps au 21 mars, donnant ainsi naissance au calendrier grégorien que nous utilisons encore de nos jours.

La durée moyenne d'une année du calendrier grégorien est de 365,2425 jours, durée qui se rapproche de celle de l'année astronomique de 365,2422 jours.

La mise en place du calendrier grégorien se traduit par la suppression de 11 jours de l'ancien calendrier pour corriger le décalage existant entre les dates des saisons et leur occurrence réelle. C'est ce qui explique qu'aujourd'hui les fêtes catholiques et les fêtes orthodoxes sont décalées de 13 jours, l'Église orthodoxe ayant conservé le calendrier julien.

Le calendrier grégorien est aujourd'hui le calendrier universel de référence. Les dernières grandes réflexions sur le calendrier remontent à l'an 2000, lorsque la question s'est posée d'adapter les systèmes informatiques menacés par le potentiel bug de l'an 2000, et notamment leur *« date système »* et algorithmes de datation. Les autorités de différentes religions ont tenté de savoir quel calendrier était la référence de datation sans parvenir à une réponse unanime. C'est finalement à l'issue d'un débat tenu aux États-Unis dans le cadre de l'organisation des Nations Unies qu'il a été décidé de conserver, par souci de simplicité, le calendrier grégorien.

Cinq pays dans le monde n'utilisent pas le calendrier grégorien comme calendrier officiel : l'Afghanistan et l'Iran qui utilisent le calendrier persan, l'Arabie saoudite qui utilise le calendrier musulman, l'Éthiopie qui utilise le calendrier éthiopien, et le Népal qui utilise le calendrier Vikram Samvat.

La Chine, pour sa part, utilise le calendrier grégorien dans ses relations avec le reste du monde, mais conserve le calendrier chinois pour ses activités cultuelles et culturelles. Les communautés de culte hébreu, musulman, orthodoxe, hindou et bouddhiste conservent de la même manière leurs calendriers traditionnels

Les heures, les minutes et les secondes.

Les premiers à s'être préoccupés de la division du jour en unités de temps sont les Égyptiens, il y a environ 4 200 ans. Pour repérer l'écoulement du temps, le ciel était divisé en 36 décans associés à des divinités. Les observateurs nocturnes surveillaient le défilé des décans et, suivant l'époque de l'année, constataient que le nombre de décans visibles du crépuscule à l'aube était très variable. Ainsi, au solstice héliaque de Sirius, début de l'été, ils constatèrent que la nuit était la plus courte de toute l'année, et que seuls douze décans étaient observables avec certitude entre le coucher et le lever du soleil.

Vers 2 100 avant notre ère, les astrologues égyptiens décidèrent de ne conserver que l'observation de douze décans au cours de la nuit comme base de la mesure du temps. On a retrouvé dans des sarcophages de pharaons des tableaux des décans divisant la nuit en douze parties.

Six siècles plus tard, des textes égyptiens indiquent une division du jour également en douze heures, sans doute par symétrie avec la nuit. C'est à ce moment qu'apparaît le gnomon, ancêtre du cadran solaire. Il s'agit d'une pièce en forme de L, orientée Est-Ouest, l'ombre projetée par le montant vertical sur la partie horizontale indiquant les heures de part et d'autre de midi. Les graduations sont fixes et ne tiennent pas compte de l'influence des saisons sur la durée de l'ensoleillement. Les heures indiquées n'ont pas la même longueur tout au long de l'année, plus longues l'été que l'hiver.

Cette division des jours du calendrier en deux fois douze heures est adoptée par les Chaldéens vers le VIIe siècle av. J.-C., puis se répand en Grèce et se prolonge jusqu'à nos jours. Nos 24 heures sont égyptiennes !

Le système de numération adopté par les Chaldéens pour leurs calculs astronomiques étant sexagésimal, c'est logiquement que l'on voit apparaître à cette même époque l'heure divisée en 60 minutes, et la minute en 60 secondes, etc. Soixante est un nombre qui a la particularité d'avoir un grand nombre de diviseurs entiers (1, 2, 3, 4, 5, 6, 10, 12, 15, 20, 30 et 60), ce qui facilite les calculs astronomiques. Nos heures, minutes et secondes sont chaldéennes !

Les montres, pendules et horloges.

Pour organiser le temps lié aux activités de leur vie quotidienne, comme par exemple le temps de parole accordé à chacun lors d'une réunion, l'instant du déclenchement des sonneries de trompettes ou de cloches pour signaler le début des offices religieux, des réunions des conseils de villes, du couvre-feu, etc. les Egyptiens utilisent la clepsydre, grand vase percé à sa base, gradué à l'intérieur et qui laisse échapper un mince filet d'eau. Les Grecs ont perfectionné la clepsydre en y ajoutant un cadran et une aiguille, la transformant en un véritable instrument de mesure.

D'origine inconnue, le sablier est basé sur le même principe que la clepsydre, le sable remplaçant l'eau. Il sert plus à mesurer des intervalles de temps qu'à indiquer l'heure. Une anecdote couramment citée est celle de Christophe Colomb qui, en 1492, lors de son voyage vers l'Amérique, utilisait un sablier qu'il retournait toutes les demi-heures pour faire le point.

Les premières horloges mécaniques apparaissent au XIVe siècle. Elles sonnent les cloches, mais n'ont ni cadran, ni aiguille. Les premiers cadrans à aiguilles apparaissent au XVe siècle. Mécaniquement, ces horloges fonctionnent à partir d'un poids suspendu qui dans sa chute entraîne un train d'engrenages, lequel fait tourner la ou les aiguilles et déclenche le marteau de la cloche. La régulation de la chute du poids détermine plus ou moins précisément le temps.

L'apparition de l'échappement au XVIe siècle transforme le simple assemblage d'engrenages des premières horloges en un véritable mécanisme de précision. L'échappement est un ensemble oscillant très ingénieux, délicat à régler, qui permet de réguler la chute du poids. Il est constitué d'une tige (foliot) aux extrémités de laquelle sont accrochées des masses (régule) qui lui confèrent l'inertie nécessaire à une oscillation horizontale autour d'un axe vertical. Solidaires de la tige de l'échappement, deux palettes viennent alternativement bloquer la roue de rencontre qu'entraîne le poids moteur.

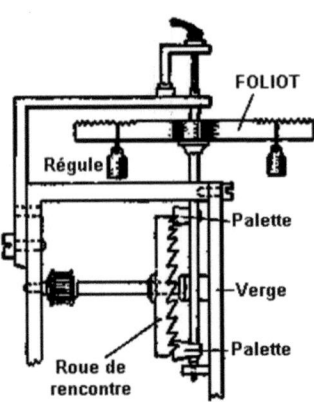

Jean Claude Sulka maître horloger, bijoutier créateur. Sulka.fr.

Au XVIIe siècle, Galilée étudie le pendule et note que la période (durée d'un aller et retour complet) est remarquablement constante pour un pendule donné. Il dessine en 1641 un projet d'horloge réglée par un pendule oscillant, sans la construire. Ce sont finalement l'astronome et physicien néerlandais Christiaan Huygens et Salomon Coster, horloger néerlandais, qui construisent la première horloge à pendule oscillant en 1657. En 1675, Huygens invente le ressort spiral, qui va remplacer le poids suspendu des horloges mécaniques.

Au début du XVIIIe siècle, avec le développement de la navigation commerciale et des enjeux politiques et économiques qui y sont associés, la mesure du temps à bord des navires devient un enjeu considérable. Le sablier de Christophe Colomb ne suffit plus à la précision de la navigation, et notamment à la détermination de la longitude qui impose de conserver l'heure du port de départ à bord des navires.

Les gouvernements britannique et espagnol offrent de fortes récompenses aux savants qui cherchent à construire un chronomètre transportable ayant une précision et une stabilité suffisante pour fonctionner malgré les mouvements de roulis, tangage et lacet subis par le navire. C'est finalement l'horloger britannique John Harrison qui en 1737, après plusieurs tentatives, crée un chronomètre d'une précision et d'une stabilité étonnantes. Il remporte le prix en 1764 après avoir perfectionné son quatrième prototype, beaucoup plus compact que les trois premiers et qui, en deux mois de voyage, ne se décale que de quelques secondes, performance jamais atteinte jusque-là.

Au cours du XIXe siècle, l'industrialisation de l'horlogerie permet à tous de posséder une horloge ou une pendule. Dans le même temps, la diffusion de l'heure va se répandre avec le télégraphe et le chemin de fer qui, l'un et l'autre, obligent à synchroniser toutes les horloges d'un pays. Puis, le temps va aussi s'introduire dans les usines avec la mesure du temps de travail et de la productivité. Les montres individuelles, à gousset puis à bracelet, apparaissent à cette même période, ainsi que les réveils.

Vers la fin du XXe siècle, les horloges mécaniques cèdent la place aux horloges à quartz. Le quartz est une forme de dioxyde de silicium ($SiO2$) qui abonde dans la nature. Comme tous les matériaux rigides, un morceau de quartz résonne à des fréquences qui lui sont propres, et sa dureté lui permet d'avoir des fréquences de vibrations très élevées, gage de précision. Lorsqu'un cristal de quartz vibre, de faibles charges électriques apparaissent et disparaissent à sa surface. C'est l'effet piézo-électrique. Ces charges sont détectées et servent à asservir et stabiliser le fonctionnement d'un oscillateur électronique. La précision ainsi obtenue est dix fois plus importante que le meilleur des mécanismes d'horlogerie mécaniques.

Le premier oscillateur à quartz apparaît en 1933, mais sa taille est plus proche d'une grande armoire que d'une montre bracelet. La montre à quartz, résultat de nombreuses innovations de miniaturisation, n'apparaît qu'à partir des années 1970.

A la même période de notre histoire humaine, pour répondre aux besoins toujours plus grand de précision de la science et des technologies, le quartz se révèle encore trop imprécis. L'horloge atomique apparaît en 1947. Elle utilise dans un premier temps les transitions atomiques de la molécule d'ammoniac, puis du rubidium et enfin du césium à partir de 1955.

Les performances actuelles des horloges atomiques correspondent à un décalage d'une seconde tous les 3 millions d'années ! Des transitions atomiques d'autres corps simples comme l'ytterbium, à des fréquences optiques beaucoup plus élevées que la fréquence utilisée dans les horloges à césium, sont à l'étude dans le monde entier et permettront de gagner encore en précision. Miniaturisés, ces composants seront insérés dans une montre bracelet ou un récepteur GPS.

La mesure du temps se fait désormais à la nanoseconde et participe à la sécurité des toutes les activités humaines de mobilité terrestre, maritime, aéronautique, spatiale, mais aussi dans les domaines de l'informatique, de la médecine, des télécommunications, des finances, de l'énergie, des loisirs, du tourisme, de l'agriculture, de l'industrie, de l'administration publique etc. Le temps est ainsi devenu le meilleur allié de l'homme dans ses rêves les plus audacieux de progrès techniques. Il reste pourtant un cauchemar au quotidien pour toutes celles et tous ceux qui ne le contrôlent pas.

« Les hommes, ils s'enfournent dans les rapides, mais ils ne savent plus ce qu'ils cherchent. Alors ils s'agitent et tournent en rond ». [5] Evitons de tourner en rond, apprenons à faire du temps notre allié, choisissons nos rapides, nos nanosecondes, prenons le temps de notre temps !

---

[5] Antoine de Saint Exupéry, *« Le petit Prince »,* 1943.

LE TEMPS D'ENTREPRENDRE

« Ce n'est rien d'entreprendre une chose dangereuse, mais d'échapper au péril en la menant à bien ».[6]

Entreprendre demande de l'audace, celle de se lancer dans l'action, d'oser l'autre, les autres, d'accepter le risque de l'échec autant que la griserie du succès.

Entreprendre demande du temps, celui de la réalisation du projet dans lequel on s'est engagé seul ou plus souvent à plusieurs.

Le temps est un élément clé de toute entreprise.

Prendre le temps d'entreprendre demande du courage : celui de résister à toutes les sollicitations d'un emploi du temps saturé d'obligations réelles ou supposées, celui de refuser l'idée que le temps c'est de l'argent.

Le temps, bien plus que de l'argent, est une lente construction de soi, un long apprentissage du sens de la vie. On peut vivre pour amasser de l'argent, mais vit-on alors vraiment ? *L'oncle Picsou* est-il heureux sur son tas d'or ?

Le modèle contemporain du *toujours plus et plus vite* qui est le nôtre est-il vraiment durable ? Comment le faire évoluer vers plus d'humanité ?

Pour ma part je suis convaincu que ce modèle, qualifié de libéralisme économique, et principalement issu des idées de Milton Friedman, arrive à son terme. Tout comme le

---

[6] Beaumarchais, *Le mariage de Figaro, acte 1, scène 1, 1778.*

communisme qui a cru pouvoir soumettre l'homme a une vision purement collectiviste, il disparaîtra à son tour faute d'avoir su placer l'être humain au cœur des entreprises en lui préférant l'égoïsme financier de quelques actionnaires. Bien plus qu'une aventure financière ou technique, l'entreprise est une aventure humaine.

Que dit Milton Friedman ?

Pour Milton Friedman, économiste américain de l'université de Chicago, prix Nobel d'Economie en 1976, accumuler de l'argent est, à l'image du célèbre *oncle Picsou*, le seul objectif économique valable. Pour remplir les coffres d'or, il faut tirer au plus bas les coûts de production, en particulier ceux liés aux salaires et aux charges sociales. La règle d'or du modèle de Milton Friedman est que *« Les décisions du marché sont toujours bonnes, et les valeurs du profit au-dessus de tout »*.

Lancées vers la fin des années 1960 et très en vogue dans les années 1980, notamment en Grande-Bretagne où madame Thatcher a ignoblement osé dire *« qu'importe que les mineurs soient heureux, il faut qu'ils produisent »*[7], ou encore : *« Personne ne se souviendrait du bon Samaritain s'il n'avait eu que de bonnes intentions ; Il avait aussi de l'argent »*[8], les idées de Milton Friedman influencent aujourd'hui pratiquement toutes les politiques économiques mondiales. Elles conduisent à la délocalisation de nombreuses activités économiques vers les pays à faible coût de travail, et leur

---

[7] Intervention à la chambre des Communes pendant la grève des mineurs, en mai 1984 et repris dans le quotidien Libération du 10 septembre 2004 dans un éditorial de Jacques Almaric.
[8] Prononcé en 1980 et repris dans un article du Daily Mirror du 8 avril 2013.

déréglementation au nom de la libre concurrence, entrainant dans de nombreux pays un taux de chômage récurrent faute de pouvoir faire face à la guerre des prix.

En quoi et pourquoi le système de Milton Friedman a-t-il globalement bien fonctionné pendant le demi-siècle écoulé ?

En permettant par la libre concurrence la baisse du coût de nombreux produits de consommation courante, il a permis une augmentation sensible du niveau de vie et de santé des populations du monde capitaliste.

En ouvrant la voie à la spéculation boursière et de fait à l'augmentation de la masse d'argent disponible, il a facilité le financement de grands projets industriels et technologiques.

S'il a fonctionné, c'est en grande partie lié au fait que la période de l'histoire récente appelée *« les trente glorieuses »* (années 1950-1980) a fait suite à deux grands conflits mondiaux qui ont dévasté les économies de nombreux pays, et plus encore décimé leurs populations. Il a fallu tout reconstruire avec peu de main d'œuvre disponible, et l'esprit d'entreprise a alors été plus fort que le goût du profit.

Hélas, cette vision d'entrepreneur s'est délitée avec le temps pour laisser place, comme dans les années 1920 (crise de 1929), aux dérives financières qui culminent aujourd'hui, tandis que la main d'œuvre ne manque plus dans de nombreux pays, incluant les femmes et parfois hélas les enfants.

Pourquoi le modèle de Milton Friedman est-il aujourd'hui disqualifié ?

Comment ne pas s'insurger devant les comportements de certains actionnaires qui, au nom du profit, peu soucieux des salariés des entreprises qu'ils financent, n'hésitent pas à fermer ou délocaliser ces entreprises? Les exemples récents de fermetures et de délocalisations d'entreprises en France, comme ailleurs dans le monde, sont nombreux.

Comment accepter la mise en danger de vies humaines au prétexte de gagner quelques centimes d'euros, dollars, réals, roubles, roupies, yens ou yuan en intégrant des produits frelatés dans certains aliments ?

Comment admettre l'esclavage d'hommes, de femmes et d'enfants dans certaines régions du monde, les privant ainsi de toute éducation, au nom d'une compétitivité financière inhumaine et d'un argent roi qui fait perdre toute raison et conduit aux pires excès ?

Au service d'actionnaires dont le profit financier est souvent le seul objectif, certains patrons d'entreprises sont en quête de toujours plus de rentabilité et de productivité et se heurtent de plus en plus à l'hostilité de salariés qui ne comprennent pas les raisons de cette course éperdue vers toujours plus de profit.

Peu à peu ces salariés se démobilisent et se réfugient dans le présentéisme et l'absentéisme, parfois même hélas dans le suicide. L'incroyable développement des officines de coaching et d'accompagnement de cadres et salariés vers plus de bonheur personnel, tout comme la consommation exponentielle de psychotropes, sont révélateurs du mal être créé par le modèle de Milton Friedman.

Quel est le principal défaut du modèle de Milton Friedman ?

A mon avis celui de méconnaître un élément majeur de la nature humaine : le bonheur. En privilégiant le court terme, c'est à dire des profits financiers immédiats, le modèle de Milton Friedman génère du stress.

Si le stress peut parfois être source d'inspiration, de créativité, de productivité, il est le plus souvent déstabilisant. Sous son effet, nombre de personnes finissent par craquer nerveusement et physiquement. Leur mal être menace la survie de l'entreprise, autant qu'une mauvaise décision stratégique ou des pertes financières. Car, bien plus que les valeurs du profit prônées par Milton Friedman, ce qui fait durablement la performance d'une entreprise c'est la mobilisation des énergies et des talents de toutes celles et de tous ceux qui y travaillent.

Comment sortir du modèle de Milton Friedman ?

Tout simplement en considérant les hommes et les femmes de l'entreprise comme la première richesse de l'entreprise. Car, soyons clairs : le vocable ressources n'a pas sa place pour parler des humains. Riches de leurs talents et de leurs énergies, ils sont bien la seule véritable richesse de l'entreprise. Parlons de richesses ou de relations humaines, et bannissons le vocable ressources humaines trop souvent lié à celui de masse salariale et de charges sociales.

Pour faire en sorte que l'humain soit la véritable richesse de l'entreprise, il faut repenser le rapport au travail, privilégier le collaboratif tout en développant l'autonomie de chaque salarié, encourager le développement personnel et l'engagement au service du projet et de l'équipe, définir les règles du vivre et travailler ensemble, développer l'esprit de responsabilité et de solidarité en permettant à chaque collaborateur de l'entreprise, cadre comme employé, d'être *« le premier acteur de sa vie professionnelle »*.

Je refuse l'idée de l'ascenseur social et lui préfère celle de l'escalier social. Chaque membre de l'entreprise doit pouvoir, s'il en a l'énergie et l'envie, gravir les marches de cet escalier une à une. Chaque marche gravie est une réalisation de soi qui ne peut que profiter à l'entreprise. Cela prend du temps.

Là est le véritable enjeu du management. L'entreprise ne doit pas être perçue par les salariés comme une ennemie, mais bien au contraire comme un lieu de développement personnel, de réalisation de soi par le travail, au sein d'une équipe dans laquelle on est reconnu, au service d'un projet qui a du sens et auquel on adhère librement.

Le management par le pouvoir, encore trop souvent pratiqué, est condamné à l'échec car il réduit les collaborateurs de l'entreprise à un rôle passif alors même que l'agilité nécessaire à la performance économique suppose leur pleine implication dans le projet.

L'entreprise est synonyme de risque, mais aussi et surtout de confiance en soi, en l'autre, en l'avenir. Elle est un lieu où se conjuguent les temps courts et les temps longs, la réaction et la vision. Sous la pression permanente de la nécessaire adaptation au changement, concilier action et vision suppose de promouvoir l'intelligence collective au service d'un projet porteur de sens.

Parce qu'elle est faite d'inconnu, d'envie de changer les choses, de satisfaire les attentes des clients en leur proposant les meilleurs produits et services aux meilleurs prix et conditions d'accès, l'entreprise est un lieu de créativité bien plus que de rationalité. Elle est un rendez-vous avec l'humanité bien plus qu'avec la profitabilité.

Comment concilier profit et bonheur ?

J'imagine les ricanements de tous ceux pour qui un discours humaniste reste un doux rêve naïf. Comment être heureux sans argent ? Comment croire que l'on peut faire confiance à l'homme alors que depuis la nuit des temps il est porté par sa violence naturelle à dominer l'autre, et même encore trop souvent hélas à l'asservir, voire le tuer ?

La guerre économique est de fait le moteur du modèle capitaliste développé par Milton Friedman. Pour gagner des parts de marchés tous les coups sont permis. Peut-on se satisfaire de ce modèle et accepter la loi du plus fort ou du plus riche ? Faut-il attendre la révolte de tel ou tel peuple et espérer *une bonne guerre* qui laissera la place à une *bonne relance* ? Faut-il désespérer de toute humanité ?

Non bien sûr, et il est rassurant de constater que de plus en plus d'entreprises développent des modèles de management basés sur la confiance, la formation et le développement personnel, mais aussi l'autonomie de leurs salariés par le biais d'une gestion souple de leurs temps de travail. Elles savent que le bien-être au travail de leurs collaborateurs est la meilleure manière de gagner de l'argent.

Finalement, la meilleure manière de combattre les dérives du modèle de Milton Friedman c'est de leur opposer des cultures d'entreprise fortes, misant sur l'humain autant que sur le financier. Toute entreprise humaine est affaire d'équilibre. S'il faut gagner de l'argent, alors gagnons-le non pas pour en avoir toujours plus tel un *oncle Picsou* fou d'avarice, mais en l'utilisant comme un outil au service du progrès humain.

En 1576 le philosophe français Jean Bodin écrivait dans les *Six Livres de la République*[9] : « *Il n'y a ni richesse ni force que d'hommes* ». Refusons de placer les valeurs du profit au-dessus de valeurs humaines. Osons le pari de la richesse humaine, celui de la liberté et de la diversité des possibles heureux comme malheureux qu'elle permet!

Pour conclure ce chapitre sur le temps d'entreprendre, et en lien avec le chapitre suivant qui sera consacré au temps de travail, je ne résiste pas au plaisir de vous raconter cette histoire extraite du livre d'Henri Boulard[10] consacré au temps :

« Un jour, un businessman qui se rend à son travail, aperçoit un bédouin à l'ombre d'un palmier en train de rêver et de se reposer, comme c'est le cas de beaucoup de monde en Egypte. Il s'arrête et lui dit :
- *Mais qu'est-ce que tu fais là*
Le bédouin lui répond :
- *Tu vois bien, je rêve, je me repose.*
- *Tu sais que tu pourrais gagner de l'argent, si tu travaillais.*
- *Ah, et pour quoi faire ?*

---

[9] « *Les six livres de la République* », 1576, Jean Bodin, économiste et philosophe français.
[10] « *L'homme et le mystère du temps* », Henri Boulard, éditions Téqui, octobre 1987.

- Si tu gagnes de l'argent, tu pourras ouvrir un bureau.
- Ah, et puis après ?
- Après, tu pourras gagner encore plus d'argent et te construire une usine.
- Ah bon, et puis après ?
- Après tu pourras posséder une belle villa.
- Ah bon, et puis après ?
- Et puis après, tu auras encore plus d'argent pour le mettre à la banque.
- Et puis après ?
- Et puis après, tu pourras te marier, avoir des enfants auxquels tu construiras des maisons.
- Oui, et puis après ?
- Et puis après, tu pourras t'asseoir et te reposer.
- Eh bien, voilà, c'est ce que je fais ».

Le temps du travail peut ne jamais s'arrêter, et nous priver alors du temps d'aimer, de nous aimer pour mieux aimer l'autre. L'amour de soi comme de l'autre meurt souvent, tout comme l'amitié, faute du temps que l'on ne sait pas lui consacrer.

Et, quand on ne prend pas le temps d'aimer, on ne peut pas entreprendre vraiment, car le travail n'a alors plus de sens si ce n'est celui d'une vaine accumulation de richesses matérielles. L'Amour devrait être la source de toute entreprise.

« Quand on aime, on ne compte pas ». Cette locution populaire peut paraître improbable liée au monde de l'entreprise qui pour se développer doit bien entendu savoir compter. Pour autant, quand il s'agit d'entreprendre, pourquoi ne pas s'inspirer de ce proverbe malgache qui nous dit : « Izay rehetra ataonareo dia *ataovy amin'ny fitiava - Quoi que tu fasses, fais-le avec amour »* ou encore de cette pensée du Mahatma Gandhi : « *Il faut faire attention à ses pensées, car elles se transforment en mots, les mots en actions, et les actions en habitudes qui finalement forgent votre caractère, et donc votre destin. Et ce destin sera votre vie »*.

Toute une vie à compter, oubliant d'aimer, est-ce une vie ?

LE TEMPS DE TRAVAIL

Histoire du temps de travail : quelques repères.

Quand se développe le mouvement syndicaliste ouvrier, vers le milieu du 19ème siècle, les cadences de travail sont de 12 à 16 heures par jour, souvent six jours par semaine, soit 70 heures de travail hebdomadaire en moyenne. Les travailleurs revendiquent - souvent par la grève - de meilleurs salaires, de meilleures conditions de travail et une réduction des horaires de travail.

La première réglementation relative à la durée du travail concerne les enfants. Sur la base des rapports du docteur René Villermé, la loi du 22 mars 1841 interdit en France le travail des enfants de moins de 8 ans, et le limite à 8 heures par jour pour ceux âgés de 8 à 12 ans. L'année suivante, en 1842, Lord Ashley fait interdire le travail des femmes et des enfants de moins de dix ans au fond des mines de Grande-Bretagne.

La fête du Travail, célébrée mondialement le 1er mai, commémore les morts d'une grève violemment réprimée qui s'est déroulée à Chicago en 1889. Les grévistes demandaient que le temps de travail soit limité à 8 heures par jour.

Lors de son congrès de 1904, la Confédération Générale des Travailleurs (CGT) fait sienne la revendication de la journée de 8 heures. Elle organise la première grève nationale pour l'obtenir en mai 1906, sans succès.
En pleine guerre, le 3 juillet 1916, l'État français concède certaines avancées : interdiction du travail de nuit pour les femmes de moins de 18 ans, et limitation du temps de

travail à dix heures par jour pour les femmes âgées de 18 à 21 ans.

Après la Première Guerre mondiale, l'État français concède de nouvelles avancées : la loi sur la journée de travail de 8 heures est votée par l'Assemblée nationale le 17 avril 1919, puis par le Sénat le 23 avril 1919.

En 1936, le Front Populaire vote les 40 heures hebdomadaires, et après la Seconde Guerre mondiale, le temps de travail dans la plupart des pays industrialisés se stabilise officiellement autour de 40 heures par semaine.

Mais ce n'est réellement qu'en 1978 que le temps de travail hebdomadaire effectif des ouvriers atteindra ce niveau. Ainsi, en France, des années 1950 aux années 1970, alors que la durée légale est de 40 heures, les durées effectives moyennes du temps de travail se situent entre 45 et 46 heures hebdomadaires.

Aujourd'hui, dans la plupart des pays industrialisés le temps de travail hebdomadaire se situe entre 30 et 40 heures, pour une moyenne annuelle de 48 semaines travaillées, soit 3 à 5 semaines de congés payés (5 en France) auxquelles il faut ajouter les jours fériés « payés », de 3 à 10 jours selon les pays (7 en France).

Enfin, la volonté de diminuer encore le temps de travail reste présente dans certains milieux. Au Royaume-Uni, des économistes proposent d'abaisser la durée du travail à 20 heures par semaine. En France, le collectif Roosevelt 2012, arguant d'une productivité 23 % supérieure en France par rapport à la moyenne de la zone Euro, et d'une productivité horaire multipliée par 2,7 depuis 1970, propose une baisse sensible du temps de travail. Pierre

Larrouturou, un des initiateurs du collectif, milite activement pour la semaine de 4 jours (ou 32 heures).

Le temps de travail aujourd'hui.

La mondialisation de l'économie, la concurrence accrue qui en résulte, la numérisation des outils de communication et de production et les nouveaux modes de consommation de biens et de services dans l'économie de l'instantanéité plurielle, du 24 heures sur 24, 7 jours sur 7, bouleversent en profondeur nos vies quotidiennes et plus particulièrement l'organisation du travail.

Ces changements conduisent à une individualisation et une diversification croissante des horaires de travail, ainsi qu'à des tensions grandissantes entre les exigences des entreprises et les attentes des clients et des travailleurs.

Et pourtant, le temps de travail est-il le sujet majeur d'une vie humaine ? Tandis que dans la plupart des sociétés, le sentiment de réussite est fondé sur le niveau des études et la situation au travail, ce dernier ne représente en fait qu'une très faible part du temps dans la vie d'un être humain. En effet, sur l'ensemble d'une vie de 80 ans (espérance de vie moyenne dans les pays développés) un être humain ne travaille réellement que 11% du temps. Il étudie 4% du temps, consacre 31% de son temps à dormir, et dispose de 54% de temps libre !

Pendant ses années de vie professionnelle, en moyenne 40 ans, un être humain travaille 21% du temps, dort 31% du temps et dispose de 48% de temps libre incluant les temps de transports, de toilettes et de repas. Ces données générales concernent les seuls travailleurs salariés, employés, ouvriers et cadres.

Il n'existe que peu de disparité d'un continent à l'autre (Afrique, Amérique, Asie, Europe, Océanie). C'est en Europe occidentale que le temps de travail est le plus faible pour certaines catégories : employés, ouvriers, agents de maîtrise.

Ainsi, le temps de travail effectif des salariés dans les pays développés ne représente-t-il que le cinquième de leur temps de vie, le tiers de leur temps de *« vie éveillée »*.

Voilà un chiffre qui devrait aider à prendre un peu de recul sur le sujet du temps de travail !

Répartition du temps sur une année de vie professionnelle d'un individu (modèle pays développé)			
Temps de travail moyen annuel	1800 heures	20,55%	6 semaines de CP et jours fériés ; 39 heures de travail par semaine.
Temps de sommeil moyen annuel	2700 heures	30,85%	7 à 8 heures de sommeil par jour.
Temps libre moyen annuel	4260 heures	48,60%	
Temps total annuel	8760 heures	100%	

Qu'appelle-t-on temps de travail ?

Le temps de travail est une mesure de la durée pendant laquelle une personne travaille en étant rémunérée, hors jours fériés et congés payés, hors pauses déjeuners, temps de transports entre le domicile et le lieu de travail, et parfois temps de changement de tenues.

Le temps de travail est souvent et historiquement mesuré en heures et minutes, de manière hebdomadaire. Dans les comparaisons économiques, il est mesuré en heures par année. En France, et dans le cadre des forfaits jours, il peut aussi être mesuré en nombre de jours travaillés dans l'année.

Dans chaque pays, il faut différencier la durée légale de travail, qui peut être imposée de façon législative par l'État (loi sur les 35 heures en France, par exemple), et le temps de travail effectif moyen de la population, qui peut différer en raison du travail à temps partiel, des heures supplémentaires ou encore de la durée de travail des entrepreneurs, des agriculteurs et des professions libérales.

L'État peut aussi limiter légalement le temps de travail effectif, en restreignant les contingents d'heures supplémentaires en deçà desquels les employeurs sont libres d'ordonner des heures supplémentaires, et au-delà desquels ils doivent demander l'autorisation à l'inspection du travail. Certains pays, notamment anglo-saxons, laissent les employés et les employeurs négocier entre eux la durée du temps de travail hebdomadaire.

Ainsi, pour pouvoir comparer le temps de travail d'un pays à l'autre, il faut plutôt observer le temps de travail effectif moyen que le temps de travail obligatoire.

Travail salarié.[11]

	All	UK	Fra	Ita	Esp
Heures / an	1904	1856	1679	1813	1798
Heures / hebdo	40,7	42,2	39,5	40,3	39,8
Taux chômage	5,4	7,8	10,5	11,3	26,6
Coût horaire en €	32,3	22,8	35,3	27,6	20,9

Travail non salarié.

En moyenne, les travailleurs non-salariés représentent plus ou moins 10% des travailleurs européens et travaillent 53,3 heures par semaine, soit 2 450 heures par an.

Travail à temps partiel.

Le travail à temps partiel désigne les personnes qui travaillent en dessous de la durée légale ou de celle définie dans les conventions collectives. La définition de temps partiel peut donc être variable, comme l'illustrent les pratiques dans différentes entreprises aux Etats-Unis : Mac Donald's et Wal-Mart considèrent le temps partiel comme débutant en dessous de 28 heures par semaine, Gap en dessous de 30 heures, et Starbucks en dessous de 20 heures.

Dans l'Union Européenne, en 2011, le travail à temps partiel concerne 18,8 % des employés, et en particulier les femmes dont 31,6 % travaillent à temps partiel. Les Pays-Bas sont en Europe le pays qui a le plus largement recours

---

[11] Document de travail COE-Rexecode, sur la base de données Eurostat et Enquêtes quadriennales du coût de la main d'œuvre (ECMO), janvier 2011.

au travail à temps partiel, soit près de la moitié (48,5 %) des employés.

La durée du travail annuel à temps partiel varie de 978 heures en France à 883 heures en Allemagne, et se situe en moyenne autour de 968 heures en Europe.

Le recours au temps partiel peut être un choix pour se consacrer à d'autres activités, mais il peut également être subi, l'employé souhaitant travailler davantage sans que l'employeur puisse répondre à son attente. En France en 2011, le temps partiel subi concerne 6 % des actifs, soit 1,5 million de personnes, dont 70 % de femmes. La proportion est similaire en Allemagne, où elle concerne 2 millions de personnes, dont 72 % de femmes.

En France, 31 % des personnes qui choisissent le travail à temps partiel le font pour s'occuper de leurs enfants, l'immense majorité de ces personnes étant des femmes (91 %). 41 % des femmes recrutées en CDD le sont à temps partiel, pour seulement 16 % chez les hommes. Les proportions baissent respectivement à 31 % et 6 % quand le recrutement est fait en CDI.

Le travail à temps partiel ne permet pas forcément d'atteindre un revenu suffisant. En France, 39 % des travailleurs à temps partiel toute l'année ont un revenu inférieur au seuil de pauvreté. Il convient cependant de nuancer ce chiffre en prenant en compte les revenus du ménage, le cumul des rémunérations des membres du ménage permettant de dépasser le seuil de pauvreté. En prenant en compte les revenus du ménage, on dénombre 11 % de travailleurs pauvres parmi les travailleurs à temps partiel, contre 5 % chez les travailleurs à temps complet.

Le forfait jour.

Le forfait jour, qui concerne principalement les cadres, est un mode de rémunération basé non pas sur un décompte horaire hebdomadaire, mais sur un nombre de jours de travail par an, normalement prédéfini par convention.

La loi précise que la durée annuelle de travail ne peut excéder 218 jours. Le nombre de jours de repos varie d'une année sur l'autre. Il est fixé selon le nombre de jours pouvant être travaillés dans l'année. Le calcul de ces jours se fait en déduisant des 365 jours de l'année (ou des 366 jours pour les années bissextiles) 52 samedis ou 52 jours ouvrés de congés payés, 52 dimanches, 25 jours de congés payés, et les jours fériés qui tombent un jour travaillé (7 jours par an en moyenne). Le nombre de jours travaillés dans l'année ne peut excéder un nombre maximal fixé par l'accord collectif instituant le forfait. À défaut d'accord, ce nombre maximal est de 235 jours.

Les salariés concernés par une convention de forfait jour ne sont pas soumis à la durée légale hebdomadaire de 35 heures, à la durée maximale quotidienne de 10 heures et aux durées maximales hebdomadaires prévues, soit 44, 46 ou 48 heures selon le secteur d'activité. Sur le respect du temps de repos, on suppose une application des dispositions de droit commun, soit 11 heures consécutives minimum de repos quotidien, 35 heures de repos hebdomadaire, et l'interdiction de travailler plus de 6 jours sur 7 par semaine.

Le temps de travail en France.

Depuis l'an 2000 et les lois Aubry, la durée légale du travail en France pour les salariés à temps plein du secteur privé et dans la fonction publique est de 35 heures par semaine, ou 1 607 heures par an, avec une modulation pouvant permettre l'octroi de jours de réduction du temps de travail (RTT).

Mais ces 35 heures ne sont ni le temps de travail effectif, ni la durée maximale autorisée (48 heures en vertu des règles européennes). Concrètement, cette durée légale marque simplement le seuil au-delà duquel le travail est payé en heures supplémentaires.

En 2011, heures supplémentaires comprises, la durée hebdomadaire de travail des salariés à temps complet était, selon l'Insee, de 39,5 heures en France, 40,7 heures en Allemagne et 40,4 heures pour l'ensemble de l'Union européenne.

De très nombreuses possibilités d'assouplissements.

« Les 35 heures uniformes et obligatoires n'existent plus » : le constat est signé Nicolas Sarkozy, début 2011, en réponse aux tentatives de Jean-François Copé pour relancer le débat sur leur suppression.

De fait, depuis 2003, pas moins de cinq lois sont venues assouplir la réglementation sur le temps de travail, la droite ayant misé dès son retour au pouvoir en 2002 sur la remise en cause progressive des 35 heures plutôt que sur leur suppression pure et simple. La ligne directrice de cette politique était de faciliter, encourager et soutenir le travail au-delà de cette durée légale.
En 2003, la loi Fillon permet de réduire jusqu'à 10 % la majoration des heures supplémentaires.

En 2005, la loi Ollier-Novelli facilite le stockage de RTT et de congés sur un compte épargne-temps, puis la loi en faveur des PME étend aux non-cadres le recours au forfait jour.

Un cap est ensuite franchi lors du quinquennat Sarkozy. La loi Tepa d'août 2007 incite fortement à recourir aux heures supplémentaires en les défiscalisant, dispositif que la gauche a supprimé dès son retour au pouvoir en 2012.

La loi d'août 2008 a parachevé l'ensemble en donnant une très grande latitude aux entreprises pour augmenter et organiser le temps de travail : possibilité de fixer son propre contingent d'heures supplémentaires, recours étendu aux forfaits jours, et assouplissement du repos compensateur, sous réserve d'accord avec les syndicats ou les représentants du personnel.

Des facilités utilisées avec parcimonie par les entreprises.

Ce n'est pas le moindre de leurs paradoxes : les entreprises sont promptes à critiquer les 35 heures, mais ne font guère jouer les possibilités d'assouplissement. Si le temps de travail reste un sujet récurrent de négociation dans les entreprises, la loi d'août 2008 n'a pas entraîné de multiplication des discussions, et l'examen du contenu des accords montre que la remise en cause des 35 heures reste rare.

Plusieurs raisons l'expliquent :

- Conjoncturelles d'abord : dans un contexte de crise économique, peu d'employeurs ont eu besoin d'augmenter le temps de travail. Le recours aux heures supplémentaires défiscalisées leur a fourni un bon moyen de s'adapter aux soubresauts de la conjoncture sans avoir à renégocier leurs accords 35 heures.

- Structurelles ensuite : sur le fond, beaucoup de dirigeants et de DRH ne sont en réalité pas demandeurs d'une nouvelle remise à plat totale. Les grandes entreprises ont de fait profité des 35 heures pour bâtir de nouvelles organisations, gagner en productivité et passer des accords de flexibilité aujourd'hui considérés comme des compromis sociaux que ni les syndicats, ni les dirigeants, n'ont envie de remettre sur la table des négociations.

Les entreprises ne se sont pas non plus montrées demandeuses d'une remise en question des 35 heures au niveau national (durée légale), de peur que cela ne s'accompagne de la fin de tout ou partie des allègements de charges sur les bas salaires.

Les Français travaillent-ils moins que leurs voisins ?

Selon une étude de COE-Rexecode, la durée effective annuelle de travail des salariés à temps plein en France est, avec la Finlande, la plus faible d'Europe. *(« Les Echos » du 12 janvier 2012).*

En 2010, ils ont ainsi travaillé en moyenne 1 679 heures, soit 225 heures de moins que les Allemands, 177 heures de moins que les Britanniques et 134 heures de moins que les Italiens. La situation est toutefois plus contrastée pour les autres catégories de salariés : avec 978 heures en 2011, la durée effective du travail pour ceux qui sont à temps partiel se situe dans la moyenne européenne et surclasse nettement l'Allemagne (883 heures).

Le contraste est encore plus saisissant du côté des travailleurs indépendants pour qui la durée du travail (2 453 heures en 2011 à temps plein) en France fait jeu égal avec l'Allemagne et compte parmi les plus élevées d'Europe.

Le travail du dimanche.

En France, le code du travail impose le principe du repos dominical, et donc la fermeture des magasins le dimanche. Mais de nombreuses dérogations existent, liées notamment aux contraintes de production ou aux besoins du public (hôtels, cafés, restaurants, boulangeries, magasins de meubles, établissements de santé, services de secours...).

Depuis une loi de 2009, des dérogations sont également accordées pour les *« zones d'intérêt touristique »* ou les *« périmètres d'usage de consommation exceptionnelle »* (PUCE). Il revient à la préfecture de délimiter avec précision ces zones. Les maires peuvent également autoriser l'ouverture dominicale cinq dimanches par an, ce qui permet notamment aux grands magasins de rester ouverts avant les fêtes ou pendant les soldes. Les commerces alimentaires peuvent, sans demande préalable, être ouverts le dimanche jusqu'à 13H00.

En Italie, une loi de janvier 2012 du gouvernement Mario Monti a introduit la libéralisation du commerce, laissant la liberté totale aux commerçants concernant les jours et les horaires d'ouverture. Dans la pratique, les détails sont réglementés par les régions qui sont compétentes dans ce domaine. A Rome par exemple, la municipalité a laissé les commerçants libres de choisir les jours et les horaires d'ouverture, mais veille à ce que cela ne nuise pas au voisinage.

Au Royaume-Uni, l'ouverture des magasins le dimanche est légalement autorisée depuis 1994 avec quelques rares restrictions, sauf en Écosse. En Angleterre et au Pays de Galles, les magasins ayant une surface de 280 m2 maximum sont libres de fixer leurs heures d'ouverture, en nombre et en amplitude. Les magasins de plus de 280 m2 sont limités à une ouverture de six heures consécutives le dimanche. Certains magasins sont exemptés de restrictions, notamment les commerces des aéroports, des gares, ainsi que les stations-services et les pharmacies. Les grands magasins ne peuvent pas ouvrir les jours de Noël et de Pâques.

En Espagne, depuis le 15 juillet 2012, une nouvelle disposition adoptée par le parlement de la région autonome de Madrid prévoit que les établissements commerciaux de la région disposent de l'entière liberté d'ouvrir le dimanche et les jours fériés.

Au Portugal, tous les commerces peuvent ouvrir le dimanche et les jours fériés. La loi du 15 octobre 2010 a rendu caduque la restriction d'ouverture dominicale qui pesait sur les grandes surfaces et magasins de plus de 2 000 m2. Toutefois, les autorités municipales peuvent demander aux commerces implantés sur leur localité de réduire ou d'élargir leurs horaires d'ouverture.

En Allemagne, prérogative des Länder depuis 2006, la législation sur l'ouverture dominicale des commerces est interprétée de façon très diverse. La plupart des États régionaux autorisent l'ouverture de certains magasins, comme les librairies, boulangeries, fleuristes, les commerces de produits agricoles ou laitiers. Les autres magasins peuvent ouvrir quelques dimanches par an, mais seulement pendant cinq heures et doivent fermer avant

18H00. Le nombre de dimanches ouverts varie selon les Etats régionaux, allant de quatre en Bavière, Land très catholique, jusqu'à huit pour Berlin et le Brandebourg.

Dans les faits, plus de 7 millions de Français salariés, soit 30%, travaillent de manière occasionnelle ou permanente le dimanche ou la nuit dans les hôpitaux, les transports, les services d'urgence, les services de sécurité, les armées, mais aussi dans de nombreuses activités commerciales.

Les français interrogés sur le travail dominical répondent à 80% que si des salariés d'un secteur d'activité expriment la volonté de travailler le dimanche, il n'y a aucune raison de leur refuser cette possibilité, et 63% se déclarent prêts à travailler régulièrement le dimanche en contrepartie d'une augmentation de salaire ou d'un repos compensateur.

Ainsi, alors que les modes de consommation évoluent, que les activités commerciales liées au tourisme se développent, qu'une majorité de salariés se dit prête à travailler le dimanche sur la base du volontariat, il est temps de tirer les leçons des échecs d'une législation française complexe, inadaptée à la réalité de la vie économique et sociale, et pénalisante pour de nombreux secteurs d'activités qui sont contraints à l'illégalité pour rester concurrentiels.

Il est temps de sortir des dérogations accordées à tel ou tel acteur économique et de travailler à la recherche du juste équilibre entre les intérêts des salariés, ceux des consommateurs, des touristes, et ceux des entreprises, en se posant les bonnes questions sur la place du travail le dimanche dans un monde globalisé et numérisé. Espérons que le projet de loi Macron [12] permettra de sortir des dogmatismes autant que des communautarismes.

Le travail à distance ?

Dans un remarquable ouvrage [13], Patrick Bouvard, rédacteur en chef de RH Info et chercheur, et Patrick Storhaye, président de la société de conseil Flexity, ancien DRH, démontrent que le travail à distance reste partout dans le monde victime de nombreux clichés, y compris dans les entreprises porteuses des technologies numériques telles Yahoo et Google !

Cependant, la pratique du travail à distance se développe rapidement dans le monde, notamment sous la forme du télétravail, qui permet à un salarié équipé d'outils numériques de travailler occasionnellement, voire régulièrement, à domicile.

La mobiquité est aujourd'hui très largement pratiquée dans les pays du nord de l'Europe, au Japon et aux Etats-Unis (un tiers de la population salariée dans certains secteurs d'activités dit du tertiaire). Ainsi, « *Le travail n'est plus un lieu où l'on se rend, mais quelque chose que l'on fait, peu importe le lieu et le moment* ».[14]

En France, et plus généralement dans les pays dits latins, rares sont les employeurs autorisant le télétravail [15]. La loi Warsmann du 22 mars 2012 ouvre bien la possibilité de

---

[12] Projet de loi sur l'activité économique présenté au parlement en décembre 2014 par le ministre de l'Economie, Emmanuel Macron.
[13] « *Le travail à distance* », Patrick Bouvard et Patrick Storhaye, Dunod 2013.
[14] Matthieu Scherrer, rédacteur en chef du magazine Management, éditorial du n°194, février 2012.
[15] Moins de 10% en 2012 selon Patrick Bouvard et Patrick Storhaye.

contrats de travail intégrant « *la possibilité d'un emploi utilisant les technologies de l'information et de la communication* » (art L 1222-9 du code du travail), mais la rigidité de cet encadrement légal, la persistance de nombreux clichés et préjugés sur le travail « *hors du bureau* », la culture de défiance hélas encore très prégnante dans le monde du travail en France, et la difficulté à assurer la sécurité du travail à domicile, font que le télétravail, et au-delà toutes les possibilités de travail à distance, restent marginales et sont délicates à mettre en place.

Il y a pourtant de nombreux avantages à favoriser le travail à distance, comme par exemple une meilleure gestion des pics de transport, donc de la protection de l'environnement, mais aussi du stress, ou encore de l'éducation des enfants, etc. Dans leur ouvrage, Patrick Bouvard et Patrick Storhaye [16] apportent de nombreux exemples et illustrations de toutes les possibilités ouvertes par le travail à distance.

L'avenir du temps de travail ?

Dans de nombreux écrits et débats liés au monde de l'entreprise, le mot « *travail* » est relié à la source latine *tripallium* (instrument de torture), tandis que le mot « *work* » est synonyme de *faire oeuvre*. Ce constat étymologique interroge sur les différentes manières de concevoir le travail.

---

[16] « *Le travail à distance* » Patrick Bouvard et Patrick Storhaye, Dunod 2013.

Si l'on se réfère au dictionnaire étymologique de la langue française [17], le *tripallium* est *« un instrument pour contraindre les animaux, une machine où l'on assujettit les bœufs ou les chevaux difficiles ».* Ce sont les animaux et non les humains qui sont assujettis au joug du *tripallium*.

La notion de torture liée au travail humain apparaît pour la première fois dans un texte du synode diocésain d'Auxerre en 585. Cette idée du travail synonyme de torture se renforce ensuite par une association avec l'accouchement (le *« travail des femmes »)* au 12ème siècle. Ainsi, le lien entre le travail et la torture si souvent évoqué aujourd'hui comme remontant à l'Antiquité, n'est apparu qu'au Moyen-âge.

Le Gaffiot, dictionnaire de référence français-latin[18], ne relie pas le mot travail au *tripallium* mais au *tripalis*, structure formée de trois piquets utilisée dans l'Antiquité pour la culture des vignes. Le dictionnaire en ligne Wiktionnaire pour sa part lie le mot travail au *trabicula,* c'est-à-dire une poutre ou un établi qui sert d'appui pour travailler un objet, ou encore à *tribulare,* synonyme de voyage inconfortable, et enfin à *laborare* ou labeur éprouvant. Ceci témoigne de la richesse des langues vivantes qui font émerger des mots en les reliant à différentes situations de la vie, et nous invite à la plus grande prudence sur leur interprétation étymologique.

Prosaïquement, le mot travail est clairement relié à l'activité rurale de l'homme à travers le *tripalis* : culture des champs et des vignes, attelage des animaux etc. Si elle suppose de la fatigue, cette activité n'en est pas pour

---

[17] Dictionnaire étymologique de la langue française, Oscar Bloch et Walther Von Wartburg, PUF, 2008.
[18] Gaffiot, dictionnaire français-latin, Félix Gaffiot, Hachette 1934.

autant une torture, notion qui suppose l'utilisation volontaire de la violence pour infliger une forte souffrance à un individu.

Le fait que de nombreuses études, analyses, réflexions et commentaires soient aujourd'hui si unanimes à présenter le travail comme une torture doit nous interpeller sur les motivations de ceux qui alimentent une telle vision.

Les jeunes générations disent ne pas avoir envie d'entrer dans l'engrenage infernal d'un travail torture dont ils mesurent les effets en terme d'effondrement physique ou psychique chez certains de leurs aînés. Leur quête de sens les conduit à désirer une autre relation au travail. Ils veulent pouvoir concilier harmonieusement leurs activités professionnelles et personnelles, et souhaitent se réaliser dans l'un et l'autre de ces deux temps de leur vie.

Il est temps de prendre en compte les mutations sociales et économiques qui accroissent le pourcentage d'entreprises travaillant non plus dans l'industrie primaire ou secondaire, mais dans l'industrie des services où la valeur du travail ne se mesure pas au temps passé, mais à la créativité, source de valeur ajoutée.

Alors que le monde du travail est réglementé à outrance, générant stress et démobilisation chez de nombreux travailleurs, parfois même de l'incrédulité et de la colère devant la persistance de certains dogmes, tout milite pour réinventer le rapport au temps et au travail, pour donner toute sa place au management par objectifs plus que par horaires contraints chaque fois que l'activité économique se prête à ce type d'organisation du travail. Il est temps d'oser la confiance et de profiter du numérique pour donner toujours plus d'autonomie aux salariés en apprenant à les mobiliser autrement que par la contrainte temporelle.

Du col bleu au col blanc, du paysan au citadin, toutes les lignes ont bougé très vite ces trente dernières années, plus vite qu'un code du travail qui tarde à s'adapter au nouveau monde de l'entreprise et reste figé sur un format 2.0 alors que le 3.0 est là. Pour remettre de l'envie, il faut oser la confiance, la subsidiarité, l'agilité, la réactivité, donc un nouveau rapport au temps et au travail.

Il faut inciter et encourager les collaborateurs de l'entreprise à plus de compétence, d'engagement et d'intégration au projet, et jouer les partitions de la mobilité, de la mobiquité, de la flexisécurité, du travail à distance, du contrat de génération et de la santé-sécurité au travail.

L'organisation du temps de travail s'appuie essentiellement sur sept logiques croisées :

- *La créativité* - La valeur créée par certaines activités est encore liée au temps passé, tandis que celle d'un nouveau pan de l'économie est liée à la créativité.

- *La souplesse (la flexibilité)* - Elle se traduit par la mise en place d'une modulation de la durée du travail afin de gérer au meilleur coût les variations d'activité de l'entreprise.

- *La synchronisation* - L'optimisation de la durée d'utilisation des équipements ou de la durée d'ouverture des services. Elle aboutit à augmenter la durée quotidienne, hebdomadaire ou annuelle des horaires collectifs travaillés, tout en n'augmentant pas les horaires individuels. Elle se traduit de fait par une désynchronisation des horaires individuels de l'horaire collectif.

- *Le partage du temps* - La création ou le maintien d'emplois en partageant le temps global du travail. Cette logique est sérieusement bousculée et remise en question aujourd'hui.

- *Le besoin de temps libre* - L'amélioration des conditions de travail et de vie, ainsi que la recherche de temps libre sont les principales motivations des salariés qui réclament une nouvelle organisation du temps de travail.

- *La simplification de la législation du travail* - L'ajustement du temps de travail effectif en fonction des évolutions législatives ou conventionnelles, et plus largement la mise en conformité des pratiques avec le droit, ou la mise à plat de pratiques hétérogènes d'un service à l'autre dans une même sphère professionnelle.

- *Le redéploiement continu* - La volonté de renouveler et redéployer les emplois et les compétences à travers la réduction-réorganisation du temps de travail, sous l'impact ou non de nouvelles technologies.

Tout projet de réorganisation du temps de travail doit intégrer ces sept logiques dans une vision stratégique et partagée de l'activité de l'entreprise. La participation de toutes et tous est seule garante du succès de cette réorganisation. Le dialogue social doit être réorienté vers ces objectifs et s'affranchir des jeux de rôles et des dogmes qui le rendent infertile. La conciliation de la flexibilité et de la sécurité des emplois est le grand défi à relever.

Au terme de cette réflexion conduite au sein de l'association Entreprise & Progrès en 2013, les sept propositions suivantes ont été émises lors d'un colloque qui s'est tenu au collège des Bernardins à Paris le 21 novembre 2013 :

- Osons repenser le temps de la vie, professionnelle et personnelle, sur toute sa durée, 24 heures sur 24, 7 jours sur 7, sur une vie humaine tout entière en imaginant des ruptures de rythme à certains moments - parentalité, mobilité, séniorité…

- Inventons un nouveau rapport au temps de travail, celui de l'épargne temps, du temps à la carte, de la flexisécurité. Prenons conscience des frontières de plus en plus ténues entre temps professionnel et temps personnel en exploitant les incroyables possibilités du numérique. Développons le télétravail. Sortons du cercle infernal du temps contraint et prenons le temps du bonheur, au travail comme en dehors du travail.

- Puisque la machine (robotisation et numérisation) remplace de plus en plus l'homme dans les tâches répétitives et le recentre d'une certaine manière sur *« l'immatériel »* dans de nombreux secteurs de l'économie, relevons le défi du *« moins d'œuvre »* pour *« plus de chefs d'œuvre »*, c'est-à-dire de toujours plus de créativité, source première de la productivité !

- Sachons concilier les différentes natures du temps de travail: un temps pour *« gagner sa vie »* (valeur marchande du temps), un temps pour *« agir ensemble »* (valeur sociétale du temps), et un temps pour *« se préserver, se réaliser »* (valeur personnelle du temps).

- Utilisons la diversité au sein des entreprises pour mieux faire comprendre le besoin de sortir du cadre fermé des certitudes/habitudes à l'égard du temps et du travail en croisant d'autres regards, ceux des cultures du monde. Internet en ce sens décuple l'intelligence humaine par le partage des connaissances et des pratiques.

- Le temps ressenti par chaque collaborateur de l'entreprise est une notion très variable et personnelle, ce qui rend délicate la réglementation uniforme du temps du travail. La tendance actuelle au présentéisme et parfois à l'absentéisme plus qu'à la participation active au projet est inquiétante. Il est temps d'oser relever le défi de la confiance en incitant chaque salarié à être le premier acteur de son emploi, en autonomie et responsabilité, au service du bien commun.

- Repensons l'organisation du dialogue social pour répondre aux deux questions fondamentales que sont : *« c'est quoi le temps ? »* et *« c'est quoi le travail ? »* en évitant le piège de se laisser enfermer dans un débat stérile sur le *« pour ou contre les 35 heures »*. C'est un débat du passé, qui n'a plus sa place dans l'économie mondialisée et numérisée, et qui pourtant reste très clivant en France. On ne peut d'ailleurs que regretter le goût du clivage systématique dans les débats de société en France.

Le ROWE. [19]

En 2003, alors qu'elles travaillaient pour Best Buy, un important distributeur de matériel électronique américain, Cali Ressler et Jody Thompson eurent une idée révolutionnaire. Elles se demandèrent ce qui arriverait si l'on accordait aux employés une autonomie totale en

---

[19] Extrait d'un article du journaliste Seth Stevenson http://slate.fr

échange d'une responsabilité totale. Qu'adviendrait-il si le personnel était jugé uniquement sur le travail fourni et non plus sur sa manière de l'accomplir ?

Cali Ressler et Jody Thompson baptisèrent leur projet *ROWE*, pour « *Results Only Work Environment* » (Environnement de travail axé uniquement sur les résultats). Les employés avaient le droit de travailler chez eux quand bon leur semblait, sans avoir à se justifier ni à s'excuser. Les congés maladie et les jours de vacances pouvaient être pris par les salariés aux dates qui les arrangeaient. Toutes les réunions devenaient facultatives. Si un salarié considérait que sa présence n'était pas nécessaire, il pouvait ne pas s'y rendre.

En contrepartie de cette liberté totale, les salariés devaient atteindre les objectifs fixés par les employeurs. Tant que ces objectifs étaient atteints, l'employeur n'avait aucune réflexion à faire sur le temps de travail effectivement passé dans l'entreprise.

Parallèlement, l'absence de résultats ne pouvait en aucun cas être compensée par une présence de rattrapage du salarié sur son lieu de travail. Bien entendu, si l'ouverture du magasin à 9h faisait partie des attributions de l'employé, celui-ci devait impérativement remplir cette part du contrat. Mais pour les travailleurs du savoir, l'évaluation de l'activité était totalement indépendante du nombre d'heures passées au bureau.

Pour Jody Thompson, la principale force du *ROWE* est que les employeurs se concentrent sur la gestion du travail et non sur la gestion des employés. C'est une stratégie qui oblige à mûrement réfléchir aux objectifs et aux résultats que l'on veut atteindre. Par ailleurs, elle met fin à la nécessité de surveiller les relevés des heures de travail et de culpabiliser les employés qui sont alors tentés de faire du présentéisme.

Les répercussions du ROWE sur les employés sont remarquables. *«Lorsque vous pouvez prendre votre propre vie en main et que vous vous sentez responsable de votre personne et de votre travail, vous vous sentez fier, libéré et digne. Il se passe quelque chose en vous lorsqu'on ne vous infantilise plus au travail. C'est une histoire de contrôle, mais aussi, et surtout, de transparence. J'ai maintenant besoin de savoir quels doivent être mes résultats pour prouver que je peux y arriver »*, disent les salariés.

Les cadres reconnaissent que les employés dans leur très grande majorité s'impliquent totalement dans l'atteinte des objectifs qui leur sont fixés, au plus grand bénéfice de l'entreprise. Tous ceux dont l'emploi s'y prête travaillent chez eux en utilisant les outils numériques à leur disposition. Leur productivité en est réellement renforcée.

Allant encore plus loin, Jody Thompson et Cali Ressler estiment que les aménagements d'emploi du temps qui permettent, par exemple, à un employé d'arriver au travail et d'en repartir une heure après ou avant l'horaire *« pour tous »*, ou qui offrent la possibilité de télétravailler deux jours par semaine en accord avec la direction, ne sont que des demi-mesures. Un salarié, disent-t-elles, devrait être libre de se lever, de consulter l'état de la circulation et de décider qu'il sera plus productif s'il reste chez lui toute la matinée et qu'il ne retournera à son bureau que dans l'après-midi.

Jody Thompson et Cali Ressler ont exposé le modèle du *ROWE* dans un livre intitulé *« Pourquoi le travail nous emmerde, et comment faire pour que ça change ? ».*[20] Au cœur de la liste des bonnes pratiques à mettre en place, elles affirment que le ROWE ne peut fonctionner que si l'entreprise élimine ce qu'elles nomment les sludges (crasses). Les *sludges* sont toutes ces réflexions qui culpabilisent un collaborateur non sur ses résultats, mais sur sa présence effective dans l'entreprise pendant les heures dites ouvrées.

Que disent les experts du monde du travail du ROWE ? Selon Phyllis Moen, professeur de sociologie à l'université du Minnesota et codirectrice du *flexible work and well being center* de cette université, qui a réalisé un certain nombre d'études sur les répercussions du ROWE sur les employés de Best Buy, sa mise en place en 2005 a eu des résultats incroyablement positifs sur les performances des employés. Le ROWE a, entre autres avantages:

- conduit les employés à dormir presque une heure de plus les nuits précédant les jours travaillés, simplement parce qu'ils étaient moins stressés à l'idée d'aller au bureau;
- fait que les salariés hésitaient moins à rester chez eux ou à aller chez le médecin lorsqu'ils étaient malades, ce qui a contribué à l'amélioration de la santé générale et a permis de réduire la propagation des maladies dans l'entreprise;
- permis au personnel de faire plus de sport;
- réduit le *turnover;*
- amélioré le moral des salariés.

L'entreprise a également tiré profit du ROWE. Le taux de roulement volontaire chez les employés a baissé de 90%, et leur productivité a augmenté de 41%. La crise de 2008

---

[20] « *Pourquoi le travail nous emmerde et comment faire pour que ça change ? »*, Cali Ressler et Jody Thompson, Maxima Laurent du Mesnil éditeur, juillet 2011.

n'a hélas pas épargné Best Buy qui, à l'instar de ses concurrents, a subi une baisse sensible de son chiffre d'affaire faute de demande

Adopté par plusieurs entreprises sur le modèle de l'expérience très médiatisée de Best Buy, le modèle *ROWE* semble être aujourd'hui passé de mode. Marissa Mayer a mis un terme au droit de travailler à domicile ouvert aux employés de Yahoo en 2013, peu de temps après son accession à la présidence de cette entreprise. Pour elle, les salariés sont *« plus coopérants et inventifs lorsqu'ils sont ensemble dans le même espace physique »*. Best Buy a également mis fin à l'expérience *ROWE* en 2013 après l'arrivée d'un nouveau président. *« Best Buy veut tout le monde sur le pont, et ça signifie que nous voulons que les employés viennent le plus possible au bureau afin de collaborer et de trouver des moyens de faire redécoller l'entreprise »,* a dit le porte-parole de la présidence de Best Buy.

Ce retour aux *« vieilles pratiques »* est source de fortes tensions entre les employeurs et les employés qui ont le sentiment d'un déni de confiance et d'une pression permanente. De fait, les employeurs attendent des salariés qu'il soient non seulement présents quotidiennement dans l'entreprise, mais également joignables à tout instant par messagerie mobile. Le taux de *burn out* a sensiblement augmenté dans ces entreprises, avec son cortège de désorganisation et de perte de confiance des équipes, sans compter son coût humain autant qu'économique.

On le voit par ces exemples, il reste encore un peu de chemin à parcourir pour que les entreprises s'adaptent aux nouveaux modes de vie et de consommation de leurs clients et employés. Dans le monde de l'instantanéité plurielle, hommes et femmes travaillent, élèvent ensemble leurs enfants, ont besoin de temps pour eux afin d'être plus performants au travail, peuvent, grâce aux outils numériques, travailler autrement que tous ensemble, aux mêmes heures, dans un même lieu. Que de stress et de fatigue cumulés tout au long de l'année dans les transports aux heures de pointe, que de temps perdu dans les embouteillages du trafic routier saturé aux mêmes heures de la matinée et de la soirée, que de difficultés à organiser une vie de famille harmonieuse pour des parents pressés d'emmener puis de récupérer leurs enfants à l'école. Que dire de leurs activités sportives, culturelles, associatives etc.

Il est temps pour les entreprises de s'inspirer de cette recommandation du professeur irlandais Charles Handy, reconnu comme l'un des 50 membres les plus éminents au monde en matière de gestion des entreprises et de management des équipes: « *En ne poursuivant que des objectifs de croissance économique et d'efficience, nous risquons d'oublier que c'est nous, hommes et femmes pris individuellement, qui devrions être la mesure de toute chose et non pas servir à mesurer autre chose* ».[21]

Osons le *ROWE* et inventons un temps de travail à rythme humain, adapté au monde numérisé et globalisé de l'instantanéité plurielle. S'il est en effet important de favoriser le *team building* des collaborateurs d'une entreprise en veillant à leur proposer régulièrement des plages d'activités et de convivialité communes afin de promouvoir un esprit collectif et solidaire, rien n'interdit de leur laisser aussi des plages de temps plus individualisé.

---

[21] « *The new Philanthropists* », Charles Handy, éditions Paperback, 2006.

Tout est équilibre dans la vie. Trop de collectif tue la cohésion, trop peu de collectif aussi.

C'est en réfléchissant à cet équilibre que j'ai été amené à proposer une *« révolution »* des pratiques du service à bord des navires dans la Marine nationale. Voici ce que j'écrivais en juillet 2003 dans ce que l'on appelle le rapport de fin de commandement, document dans lequel un commandant présente le bilan de son action [22] :

« La politique d'allègement des contraintes de service a été poursuivie avec détermination. A quai, le principe directeur de cette politique a été de responsabiliser le personnel en luttant contre les heures de « présence non productive » et en développant une culture du rendez-vous sur objectifs.

Des objectifs précis, à atteindre au cours des périodes de quelques semaines à quai, ont été fixés aux chefs de services et de secteurs qui ont reçu pleine délégation pour aménager librement les horaires de travail de leur personnel. Les mouvements d'engagé et de dégagé (embauche et débauche) collectifs ont été supprimés.

Des facteurs d'environnement général comme les prévisions météorologiques pour la programmation des travaux sur les extérieurs, la présence à bord d'intervenants des services de soutien ou d'entreprises pour la réalisation de travaux, les besoins en personnel pour des besoins collectifs ont été intégrés dans cet aménagement du temps de travail, sous l'autorité de coordination du commandant en second.

---

[22] Rapport de fin de commandement de la frégate De Grasse (équipage de 320 marins), période de 2001 à 2003

La plupart du personnel a su s'adapter aux horaires libres et être au rendez-vous des objectifs fixés. Certains, de l'ordre de 15%, restent réservés, sans doute par un attachement très fort aux habitudes ainsi que par les considérations suivantes :
- la peur d'être conspué par certaines personnes de l'entourage proche susceptibles de mal interpréter les horaires libres ainsi accordés à des militaires,
- l'attachement fort à l'appel du matin et aux horaires de présence imposés qui sont perçus comme des signes importants de l'appartenance à la communauté militaire,
- le sentiment pour quelques-uns d'être placés sous une surveillance plus étroite et peu confiante du commandement par le biais des rendez-vous sur objectifs.

Malgré ces quelques réserves, et compte-tenu d'une large adhésion à ces initiatives, je pense qu'il faut poursuivre l'effort d'aménagement du temps de travail des marins en luttant résolument contre les quelques habitudes du passé qui favorisent le temps de présence plus que le temps de travail productif, notamment en développant une culture du rendez-vous sur objectifs ».

A quelques jours de la fin de mon commandement, les membres de la « *commission participative* » (marins de tous grades élus par leurs pairs, réunis tous les mois pour débattre avec le commandement des conditions de vie et de travail à bord du navire) m'ont remis en fin de réunion une note dans laquelle ils écrivent : « *La politique d'aménagement du temps de travail à quai que vous avez conduite a bousculé les mentalités et les habitudes, mais le vent de réforme que vous avez insufflé durant votre commandement est inéluctable. Il est pour nous l'exemple d'une nouvelle organisation du service à bord des navires de la marine privilégiant la confiance, l'engagement de chacun, la responsabilité, la solidarité et le dialogue ».* Malgré ce retour positif, comme pour le *ROWE*, cette initiative n'a pour l'instant pas fait école.

Le temps de travail pour les générations X, Y et Z ?[23]

Désormais, bien plus que l'esprit collectif ou même collaboratif, c'est l'esprit coopératif qui anime les jeunes générations dites Y et Z pour qui l'esprit communautaire des réseaux sociaux est la référence. Les plus jeunes des Y et les Z ont grandi avec Facebook. Le monde du travail hérité du libéralisme économique ne leur offre que très peu de débouchés, et pourtant rien ne semble freiner leur envie d'entreprendre : ils créent leurs emplois, tissent leurs réseaux, inventent leurs marques, cultivent le *« do it yourself ».* C'est ce que développe la sociologue Mireille Broussous dans une passionnante étude consacrée à la génération Z.

« Accros à leurs smartphones, expédiant tous les jours des dizaines voire des centaines de messages sur les réseaux sociaux, ils naviguent facilement dans plusieurs espaces temps à la fois, mélangeant le virtuel et le réel avec une incroyable agilité. Purs « digital natives », ils maîtrisent les technologies de l'Internet dont ils se servent avec beaucoup de maturité pour la plupart d'entre eux, mettant ces outils au service de leurs projets.

Contrairement aux Y qui, bien que témoins du chômage de leurs parents et de la perte de confiance dans l'entreprise et les institutions, gardent l'espoir d'un monde meilleur, les Z savent que l'avenir est incertain, qu'ils ne

---

[23] Les X sont nés entre 1960 et 1980, les Y entre 1980 et 1995, les Z depuis 1995.

connaîtront jamais rien d'autre que la crise qu'eux appellent le changement. Cela les incite à beaucoup d'optimisme car ils savent qu'ils ne pourront compter que sur eux-mêmes.

Déterminés, libérés des clichés des générations précédentes, audacieux et volontaires, ils croient dans le travail sur soi, l'effort, l'excellence. Ils savent qu'ils doivent sans cesse bouger, tenter leur chance là où elle se présente, créer leur entreprise en se gardant des solutions prônées par les institutions, les grandes entreprises et même les ONG. Ils aiment les petites structures, locales, concrètes. Reliés au monde par Internet, ils s'engagent personnellement, créent des associations, défendent des valeurs de terroirs, de patrimoine, aiment la nature, la « saine bouffe » et, par dessus tout, aiment faire par eux-mêmes – « do it yourself ».

Ils ont leur propre langage qu'ils utilisent sur les réseaux, les blogs et dans les start-up qu'ils créent. Les Z aiment les labs et autres incubateurs pour se former à l'entreprenariat, en affichant sans complexe que la première entreprise dans laquelle ils ont confiance, c'est eux. Intégrer un grand groupe pyramidal ou faussement transverse, très peu pour eux. Une PME pourquoi pas, mais surtout pas cotée en bourse. Ils veulent rester libres, être reconnus pour leur talent, se sentir fiers de ce qu'ils font parce que cela a du sens et qu'ils sont heureux d'y coopérer.

Ultra connectés, hyperinformés, ils vivent au rythme des sites du e-commerce dont ils maîtrisent l'usage avec beaucoup de maturité. Ne disposant pas pour la plupart d'entre eux d'un fort pouvoir d'achat, ils utilisent les comparateurs, achètent les produits des marques *distributeurs, s'orientent vers les services à bas coûts, échangent leurs expériences et impressions d'achats sur les réseaux sociaux, dénoncent les marques qui ne se soucient pas des conditions de travail de leurs salariés et des impacts environnementaux de leurs activités, partagent les voitures, les outils de bricolage, les logements, les appareils électro-ménagers etc. Mais pas leurs tablettes et smartphones !*

Les Z sont de fait plus fidèles à leurs principes qu'à leurs marques, d'où de nouvelles stratégies pour ces dernières qui tentent de se rapprocher des Z en les associant via les réseaux sociaux comme prescripteurs de leurs produits. Les « community managers » doivent participer, voire animer les discussions qui se développent autour des produits sur les réseaux sociaux afin de contrôler au mieux l'e-réputation de leurs entreprises. Le crowdsourcing qui consiste à solliciter les internautes pour créer des contenus est l'autre levier qu'utilisent les entreprises pour associer les Z à leurs politiques promotionnelles ».[24]

Ainsi, il est bien fini le temps ou un individu était rattaché à une organisation et à une marque pour le restant de sa vie. L'exigence de flexibilité imposée par un marché mondial très compétitif, le développement de l'automatisation et de la robotisation de nombreuses tâches, et la recherche de sens et de développement personnel conduisent les individus, qu'ils soient X, Y ou Z, à se forger leur propre écosystème d'activités.

Si les X sont moins concernés, les Y et surtout les Z sont eux directement touchés par l'intrusion du numérique dans

---

[24] Extraits adaptés d'une étude sociologique de Mireille Broussous publiée dans Paris Worldwide, sept/oct. 2014.

toutes les organisations de productions comme de services. Les *big data* révolutionnent le monde des données dans tous les domaines d'activités économiques et sociales : recrutement, rémunération, formation, enseignement, recherche, consommation, distribution, santé, transports etc.

Forte de ce constat, la *Fondation Internet Nouvelle Génération* (FING) a décidé de lancer en 2011 une expédition baptisée *DigiWork* qui, pendant deux ans, a travaillé sur une vingtaine de scénarii tous directement liés aux impacts du numérique sur l'organisation du travail. Cette étude a récemment été publiée et reprise dans le journal latribune.fr sous la plume de François Leclerc, le 17 octobre 2014.
Huit scénarios extrêmes pour imaginer comment nous travaillerons demain ?[25]

Scénario 1, tous intermittents : Un travail si je veux, quand je veux.

Conscients de la rupture numérique qui arrive - voire est largement engagée dans de nombreux secteurs de l'économie – les Z savent que le CDI n'est plus la norme réaliste du travail. Ils multiplient les formes de travail intermittent, la pluriactivité, et gèrent, en fonction de leurs besoins, leurs différentes activités salariées ou non. Cette tendance convient aux cadres et aux travailleurs du savoir. Elle est plus délicate à vivre pour les personnes moins qualifiées, plus âgées, moins autonomes, pour lesquelles il faut maintenir un modèle plus encadrant et solidaire.

---

[25] Latribune.fr, 17 octobre 2014.

Scénario 2, l'entreprise apprenante : La formation pair à pair par les réseaux sociaux d'entreprises.

Alors que la mise en place de réseaux sociaux internes dans les entreprises à partir de 2010 avait pour but de favoriser une culture de conduite de projet à plusieurs, en équipe projet, et à diminuer le flux des e. mails, ces réseaux sont très vite devenus des espaces dédiés à la formation professionnelle informelle entre pairs, supplantant le e-learning. Des MOOC (Massive Open Online Courses) se sont multipliés, favorisant l'innovation, la créativité et la réactivité. Véritable organisation apprenante informelle, les MOOC bousculent les canaux traditionnels de formation continue. Il reste à pouvoir mesurer les conditions d'égalité d'accès aux MOOC et le niveau de qualité et d'appropriation des savoirs qu'ils proposent.

Scénario 3, les réseaux interpersonnels d'activité : Faites confiance à vos réseaux.

La tendance du BYON (Bring Your Own Network) est aujourd'hui très largement installée dans l'environnement des entreprises, donnant naissance à des réseaux interpersonnels qui se sont regroupés en associations très influentes, capables de mobiliser des partenaires sociaux sur des thèmes tels que les chartes éthiques, les politiques de rémunération et celles d'organisation du travail. L'appartenance à un réseau interpersonnel d'activités (RIPA) est gage de sérieux, et sa mention sur un CV garantie d'attention. De fait, si certains RIPA favorisent le partage des bonnes pratiques et la défense de droits sociaux majeurs, d'autres sont devenus des officines très inégalitaires d'aide au recrutement via des conditions d'insertion très élitistes.

Scénario 4, le scrumisme ou l'entreprise agile : Si vous ne le faites pas pour vous, faites-le pour le projet.

Après le *fordisme* et le *toyotisme*, place au *scrumisme*. Ce dernier se base sur une organisation collégiale du travail visant à une amélioration des pratiques par un management de pair à pair. L'organisation pyramidale est abolie et remplacée par des modes de gestion expérimentaux régulièrement testés et évalués via des réseaux sociaux qui identifient les pratiques les plus innovantes et performantes. Les comités de direction sont challengés par des employés qui s'attribuent des missions sortant le plus souvent de leurs seules attributions. Certaines entreprises voient ainsi leurs activités évoluer vers de nouveaux secteurs, le conseil d'administration accompagnant ces évolutions. Face au *scrumisme,* les DRH doivent renforcer leur système de veille sur les réseaux pour pouvoir orienter des salariés vers les nouveaux postes à pourvoir.

Scénario 5, des congés illimités : Faites ce que vous voulez tant que vous remplissez les objectifs.

La mise en place fin 2011 de congés illimités pour les salariés de la société WeddingWire aux États-Unis a surpris avant de s'étendre progressivement à d'autres entreprises. La montée du chômage, et le nombre croissant de personnes en situation de *burn out,* incitent à une réflexion sur un meilleur partage du temps de travail. L'idée est de permettre à chacun de vivre décemment de son travail tout en pratiquant d'autres activités personnelles, familiales et sociales. L'équilibre vie professionnelle-vie personnelle est au coeur de cette démarche qui reste très décriée tant par certains dirigeants que par les instances représentatives des salariés. De fait, ces derniers sont totalement responsabilisés sur les objectifs qui leurs sont fixés et qu'ils doivent atteindre en prenant en compte les diverses contraintes de l'organisation du travail des équipes. Libres de leur temps, ils doivent inscrire cette liberté dans l'intérêt général du bon fonctionnement de l'entreprise. Cela suppose un dialogue renforcé entre tous les acteurs, et un véritable climat de confiance.

Scénario 6, l'entreprise comme utopie sociale : Vous ne viendrez pus chez nous par hasard.

Pour fidéliser ses salariés, l'entreprise développe de nouveaux pans de services allant bien au-delà de la mise à disposition de tickets restaurant, de places en crèche, de salles de sport ou d'une conciergerie. Chacun peut choisir l'entreprise dans laquelle il souhaite travailler en fonction des services proposés, de ses centres d'intérêt et de valeurs : écologistes, sportifs, fans des xx, ubergeek etc. L'entreprise et ses collaborateurs partagent ces « passions » et se choisissent pour elles en organisant leur pratique au sein de l'entreprise. Le choix de ces activités se fait collégialement et il faut éviter toute décision « dictatoriale ».

Scénario 7, l'entreprise étendue : Vous entrez dans l'économie collaborative.

L'entreprise n'est plus depuis de nombreuses décennies un espace clos sur lui-même, mais bien un organisme inclus dans un vaste écosystème reposant sur une chaîne de production de valeur de plus en plus maillée et allongée. Sous-traitances, externalisations et partenariats complexifient la gouvernance d'entreprises dont le centre névralgique est diffus. S'y ajoute désormais le fait que les nternautes - consommateurs, clients, mais aussi fournisseurs, partenaires et employés – participent activement à la création et à la réputation des produits via les réseaux sociaux. Le e-marketing est ainsi présent sur Internet, et de nombreux internautes monnayent leurs contributions à la création et à la promotion des produits distribués par les entreprises. Il faut trouver une juste rémunération à ces activités.

Scénario 8, le capitalisme cognitif : Venez avec tout ce que vous êtes, nous saurons vous récompenser.

Tout compte aujourd'hui dans l'obtention d'un travail : l'intelligence créatrice, le lieu de travail, celui d'habitation, le capital social, les talents artistiques, techniques, les réseaux interpersonnels, les hobbies. Ces derniers offrent de nombreuses opportunités de contacts et d'activités rémunérées. Ne rémunérer que le temps de travail n'a plus de sens dans de nombreux secteurs d'activités.

Ainsi, le « *capital humain* » se négocie lors des embauches par des salariés qui poussent en avant leurs talents extra professionnels pouvant servir à l'entreprise et mettent dans la balance leurs réseaux. Ils demandent en contrepartie de ces apports des conditions de travail aménagées, des formations etc.

Certaines entreprises s'engagent à valoriser ces talents extra entreprise en acceptant des aménagements de temps de travail et de formation en échange de moindres rémunérations. Cette marchandisation du « *capital humain* » est un sujet sensible, et nombreux sont ceux qui l'apprennent à leurs dépens : une réputation comme un arbre est longue à se consolider, prompte à être déracinée.

Ces scénarii révèlent les profondes mutations en cours dans le monde du travail. L'hyperconnexion des individus au travail comme hors travail, et leur vie en réseaux et communautés web, modifient la manière dont les collectifs productifs-inventifs se forment. Toutes les frontières de l'entreprise se diluent, les réseaux se développant sous formes numériques autant que physiques et psychiques. Cela induit de nouvelles formes de management des équipes et de conduite des projets, de nouveaux modes de représentation et de dialogue social.

Le coopératif est la clé : associer les employés à la gouvernance est un impératif plus que jamais d'actualité... Retour de la bonne vieille idée de la participation évoquée dans les années 1960 par le général De Gaulle ? Le numérique l'impose.

Toutes les activités socioéconomiques sont désormais impactées par les activités numériques. L'ubiquité et la mobiquité des réseaux bousculent les relations aux temps, aux lieux, aux autres. Les frontières spatio-temporelles se diluent entre vie personnelle et vie professionnelle. Les organisations du travail doivent s'adapter à toujours plus d'agilité, d'immédiateté, de diversité, de complexité, de flexibilité, ce que le Pentagone et l'université d'Harvard, aux Etats-Unis, qualifient de monde VUCA : volatile, incertain, complexe et ambigu.

Pour certains, la tentation d'un renforcement des structures hiérarchiques et du contrôle des activités est grande face à ce monde VUCA. C'est au contraire l'inverse qu'il faut oser.

Devenu un outil de production autant que d'information, de mesure, et de quantification autant que d'évaluation et de réputation, un support de relation et de rétribution, mais aussi de distribution et de consommation, l'Internet est partout dans nos vies, nous accompagnant au travail, à la maison, dans nos déplacements et dans nos loisirs, et même dans nos choix de relations amoureuses !

Tout cela doit nous inviter à revisiter en profondeur la manière dont il va falloir apprendre à mesurer la valeur du travail productif, sa rémunération, le temps que l'on y consacre sur un lieu donné, dans l'entreprise, chez soi ou dans ses déplacements. Les temps de partage coopératif devront être repensés. Pour celles et ceux qui auront du mal à s'adapter à ce monde nouveau, celui du savoir partagé et de la production confiée aux robots et aux machines automatisées, il faudra un accompagnement progressif.

Parce qu'il est devenu *« le 207ème os de notre squelette »* [26] le smartphone fait de nous des mutants, cette petite poucette si bien décrite par Michel Serres.[27]

Osons croire en l'humain, n'ayons pas peur du futur. Trouvons ensemble, X, Y et Z, les nouvelles règles du vivre et travailler ensemble, en confiance, exigence et bienveillance. Tous égaux en humanité, laissons parler nos cœurs, libérons nos intelligences, refusons les dogmes hérités d'un passé lourd de contraintes pour beaucoup sclérosantes.

Etre en mouvement et questionnement, c'est être en vie ! X, Y et Z ont toutes et tous une même quête du bonheur,

---

[26] Paroles de Koenread Claeys, Hay Group, lors du colloque Digital RH du Club DéciDRH le 16 octobre 2014.
[27] Michel Serres, *« Petite Poucette, »* éditions manifestes le pommier mars 2012.

lequel se fonde notamment sur la possibilité de se réaliser et de grandir en savoir, d'être connecté/informé, de partager cette information, d'éprouver une réelle fierté d'agir parce que ce que l'on fait à un sens, et de pouvoir le faire de manière autonome et responsable.

Concilier bonheur et travail est possible. Une des clés de cette conciliation passe pour partie par l'audace d'un nouveau rapport au temps. Et il faudra du temps pour oser ce nouveau rapport au temps. « *On ne se débarrasse pas d'une habitude en la jetant par la fenêtre, il faut lui faire descendre l'escalier marche après marche* ».[28]

---

[28] Mark Twain dans « *What is man ?* » (1906)

LE TEMPS DE LA REFLEXION

Si je vous demandais savez-vous ce qu'est le temps ? Vous seriez bien embarrassés pour m'apporter une réponse sans un long effort de réflexion, alors même que le temps est au centre de nos existences. C'est ainsi que le père Henri Boulard, théologien et philosophe d'origine égyptienne entame son livre intitulé *« L'Homme et le mystère du temps ».*[29]

A la fois immergé et émergé du temps, il nous faut vivre au présent tout en étant imprégnés de nos souvenirs du temps passé et de nos interrogations sur le temps à venir. Passé, présent et futur se conjuguent en une trilogie toute relative car étroitement liée à nos sensations, nos émotions, nos actions, nos réactions et nos réflexions, corps et conscience réunis. Ainsi, pour un enfant qui découvre l'existence et sa multitude d'émotions, une heure peut paraître très longue, tandis que pour un adulte, elle peut sembler très courte. Le temps est d'abord celui de notre conscience. Là réside sa principale relativité, au-delà de celle scientifiquement décrite par Einstein, ou du tic tac lancinant de l'horloge qui n'est qu'une imparfaite mesure du temps. Celui-ci est de fait aboli quand parlent nos émotions.

Le concept du temps a été largement débattu durant toute la période de l'Antiquité, et notamment en Grèce. On peut résumer ces débats en distinguant quatre grandes visions du temps :

---

[29] *« L'homme et le mystère du temps »,* Henri Boulard, éditions Téqui, octobre 1987.

- *Kairos,* le temps de l'opportunité, du moment à saisir pour agir juste à temps.
- *Skolé,* le temps libre, celui de la réflexion, de l'apprentissage. *Skolé* est la source grecque des mots *school* ou école.
- *Diatribé,* le temps du débat, de l'échange et du partage d'idées.
- *Chronos,* le temps linéaire, répétitif, chronométrique qui détermine les saisons, les heures, les minutes et les secondes, les nuits et les jours.

Le *Chronos* et le *Kairos* se sont largement imposés au fil des siècles comme expressions premières du temps, au détriment du tandem *Skolé* et *Diatribé*. C'est pourtant ce tandem qui permet d'avoir une approche apaisée et créatrice du temps.

En janvier 2013, Christine Cayol, philosophe et écrivain, fondatrice du forum Synthésis, et Jean-Daniel Remond, psychologue, biologiste et conseiller scientifique de Synthésis, ont organisé un colloque sur le temps intitulé : « *Un autre regard sur le Temps. Enjeu de notre responsabilité personnelle, sociale et culturelle* ». Le fil directeur de ce colloque était d'amener les participants à réfléchir autour des thèmes suivants :

- « *Tout, tout de suite* » : nous n'avons jamais autant parlé de « *durable* », et nous n'avons jamais autant vécu dans l'instantanéité. Paradoxe que nous ressentons au quotidien : le temps est notre pire ennemi, et aussi notre meilleur allié.

- « *L'homme pressé* » du XXème siècle est devenu aujourd'hui « *l'homme instant* » : à chaque minute, nous regardons nos montres, nos messages, nos emails, comme s'il s'agissait de dates de péremption ou de retards à rattraper.

- « *C'est pour quand ?* », « *pour hier ?* » Aller plus vite, toujours plus vite, l'urgence est devenue le principal critère de l'action. L'instantanéité est notre mode privilégié de réponse aux sollicitations.

Et pourtant, nous sentons bien que ce n'est qu'en respectant le temps, voire en l'aimant, que nous répondons à notre désir de profondeur, de continuité et de sens.

Nous savons que la responsabilité sociale de l'entreprise se joue dans le rapport que nous entretenons avec le temps, et que tout projet digne de ce nom s'éprouve dans une tension délicate entre temps court et temps long.

Le temps est l'épreuve de notre responsabilité personnelle, sociale et culturelle. Faire du temps son allié, tel est l'enjeu des personnes et des organisations qui ne peuvent se résoudre au court terme et à la tyrannie du temps réel.

Faire du temps son allié c'est réfléchir à la façon dont nous traitons le temps (selon les êtres et les cultures), et interroger notre autonomie.

C'est adopter une posture de discernement qui invite à renforcer notre capacité d'attention, de vision stratégique, notre présence au passé, au présent, et notre confiance en l'avenir.

En nous plaçant face à nous-mêmes, à notre capacité à discerner le temps long du temps court, Christine Cayol et Jean-Daniel Remond nous invitent à s'allier le temps, à refuser d'en subir la pression. Chaque fois que nous ne maîtrisons pas notre temps, nous sommes en proie au stress, à l'impatience, à l'inquiétude, à l'anxiété, voire à la peur, émotions qui peuvent être sources de violence ou d'apathie.

Pour sortir du temps, source de mal être et de violence, il nous faut apprendre à le regarder autrement, non plus comme un ennemi mais bien comme la possibilité qu'il nous offre de nous réaliser par nous-mêmes.

La leçon du professeur.

Qui ne connaît pas l'histoire du professeur expliquant la gestion du temps et des priorités à ses étudiants ?

Il prend un seau vide en disant : « *Voici votre agenda. Il nous faut le remplir* ».

Il sort alors de dessous son bureau un sac de grosses pierres qu'il dépose une à une dans le seau.
« *Est-il plein ?* » demande-t-il.

Un étudiant répond : « *Oui. Il n'est plus possible de mettre une pierre de plus* ».

« *Vous avez raison. Mais ...* »

Il prend un second sac plein de graviers dont il remplit le seau, faisant glisser les graviers entre les grosses pierres.
« *Et maintenant, est-il plein ?* »

Un étudiant répond : « *Il semble que oui, mais peut-être que non ?* »

- « *En effet* », dit le professeur.

Et il prend alors un troisième sac rempli de sable qu'il déverse entre les grosses pierres et les graviers.
- « *Et maintenant ?* »

Plus aucun étudiant n'osant prendre le risque de répondre, le professeur prend alors un broc empli d'eau qu'il verse dans le seau, jusqu'à rebord.
« *Maintenant il est plein. Quelle leçon tirez-vous de cette petite démonstration ?* »

« *Qu'en s'y prenant bien, il y a toujours moyen de remplir tous les interstices de l'agenda* », répond un étudiant.

« *C'est en effet une manière d'analyser cette démonstration. Mais ce qu'il faut en retenir à mon avis, c'est que si j'avais commencé par remplir le seau de sable et d'eau, plus jamais je n'aurais pu y introduire une seule grosse pierre. Maintenant, posons-nous chacun la question : quelles sont mes grosses pierres ?* »

Que faire de mon temps ? Comment choisir de le remplir ? Chacune et chacun de nous répond de manière différente à cette interrogation en priorisant plus ou moins consciemment ses besoins. Le plus souvent les priorités que nous nous fixons sont le résultat de contraintes inconciliables, et nous sacrifions sans en avoir pleine conscience une part essentielle de notre être en privilégiant le plus souvent l'action à la réflexion, le factuel au spirituel. Tel le lapin blanc d'Alice nous traversons le pays des merveilles sans en voir toutes les opportunités pour notre développement personnel et collectif.

Que nous enseigne le mystère du temps ? Depuis l'origine de notre humanité il est au coeur de notre questionnement, mélangeant mémorisation, action et prévision dans le triptyque passé, présent, futur que nous pensons segmenter de manière logique alors même que ces trois temps se télescopent en nous au présent.

Si le passé et le futur irriguent en permanence nos esprits, seul le présent est réel. *« Dès qu'il s'agit des hommes, tout, absolument tout, sans la moindre exception, est toujours donné au présent. Aucun homme, jamais, n'a rien vu, rien entendu, rien senti, rien fait, rien pensé qu'au présent, il anticipe ce qui sera, mais il anticipe dans le présent. Il se souvient de ce qui a été, mais il s'en souvient dans le présent ».*[30]

Le triptyque passé- présent- futur est propre à chacun de nous. Aussi peut-on parler de signature, ou empreinte temporelle[31], aussi spécifique qu'une empreinte génétique. Cette empreinte marque avant tout l'unité de l'homme, sa singularité, et celle de sa société. Elle se construit année après année avec les composantes essentielles de la mémoire, mélange subtil de racines familiales, sociales, professionnelles, culturelles, spirituelles, etc.

Partout dans le monde on trouve des populations regroupées par pays, régions, provinces, cantons, vallées, villes, villages, forêts ou encore déserts, mais aussi entreprises, administrations, collectivités associatives ou sportives etc. qui ont chacune une signature temporelle collective, laquelle imprègne subrepticement chacun de leurs membres et signe leur unicité.

Ces signatures collectives et individuelles sont toujours très délicates à décoder. Il faut beaucoup de temps pour

---

[30] Jean d'Ormesson, «*La Douane de mer*», Gallimard, 1993.
[31] Guy Labouérie, «*Réflexions sur le temps»,* 2014.

comprendre les caractéristiques qui s'expriment dans les modes de vie, les arts, les langages, etc.

Ainsi, le choc des civilisations est pour partie la conséquence de notre méconnaissance des histoires respectives des populations et de leur perception du triptyque passé-présent-futur. Chaque fois que l'on tente de ralentir ou d'accélérer le temps de l'Autre, on lui fait violence.

Un article publié dans le quotidien *« Les Echos »* le 7 septembre 2005 sous la plume du politologue Zaki Laïdi illustre cette idée du temps qui heurte les cultures. S'interrogeant sur *« la dévalorisation cultuelle de l'avenir »*, l'auteur y constate que le rapport à l'avenir est de plus en plus inquiet, l'urgence envahissant nos modes de vie et de pensée.

Alors que pendant des siècles l'avenir a été la source principale des rêves humains, il est aujourd'hui le générateur de leurs inquiétudes, au point que la plupart lui préfère un présent individualisé, rythmé par le tout, tout de suite, rendu en partie possible par les technologies de l'immédiateté numérique.

« Le sable des émotions a remplacé le béton des convictions », déclarait Jean-Paul Delevoye lors d'un congrès en 2012. Il y a là un message de désenchantement à l'égard des grandes idéologies collectives, et le refuge dans des réactions d'émotions plus ou moins fugaces. Alors que l'idée de la fin de l'histoire a été souvent jugée comme le signe d'une grande naïveté américaine, force est de reconnaître aujourd'hui qu'elle a une part de vérité, tout au moins dans le monde occidental où une vision

collective de l'avenir a cédé la place à la culture du résultat immédiat.

« Comment dès lors renouer avec le sens de l'avenir, raccorder le présent au futur sans retomber dans le mythe des lendemains qui chantent, sans risquer de nouvelles désillusions ? » s'interroge Zaki Laïdi. Il répond à ce questionnement en proposant de penser l'avenir à partir du présent pour faire en sorte que le monde de demain ne soit pas pire pour les générations à venir que celui que nous vivons. Il faut être capables de changer nos habitudes et nos comportements, en particulier afin de préserver l'environnement de la planète qui nous abrite. C'est en partant du vécu des individus qu'une perspective d'avenir peut se reconstruire, à condition de ne pas succomber à un individualisme narcissique fondé sur la satisfaction des exigences immédiates.

Nous touchons là à un questionnement majeur : Qu'est-ce qui nous empêche, nous les humains, de vivre sereinement le triptyque passé, présent, avenir ? Contre qui, ou quoi, devons-nous nous battre pour être heureux ?

Dans un remarquable ouvrage intitulé *« Le Courage d'être »* l'écrivain allemand Paul Tillich, philosophe et théologien protestant, propose une réponse percutante à ce questionnement en déclinant les différentes modalités de l'angoisse humaine :

- Angoisse du destin et de la mort qui nous renvoie sans cesse à notre finitude.

- Angoisse du vide et de l'absurde quand nous ne savons plus quel sens donner à nos actes et aux choses qui nous entourent, comme l'écrit si magistralement Albert Camus dans « *L'Etranger* ».

- Angoisse enfin de la culpabilité au nom d'une morale accusatrice qui nous pousse au désespoir de la honte, du rejet, conscience douloureuse de notre existence si bien décrite par Fédor Dostoïevski dans « *Carnets du sous-sol* ».

Paul Tillich démontre que l'angoisse de l'Homme provient principalement de son rapport au temps, à son refus de l'incertitude, et qu'elle évolue en intensité à certaines périodes de l'histoire, celles dites de transition ou de fin d'un cycle. « *Il est significatif que l'angoisse soit présente chaque fois que les structures habituelles de sens, de pouvoir, de croyance et d'ordre établi se désagrègent* ».

La fin de l'Antiquité au Vème siècle de notre ère, celle du Moyen-âge au XVème siècle, puis celle des monarchies absolues au XVIIIème siècle ont été des périodes de grande angoisse. Le début du XXIème siècle, temps de l'instantanéité plurielle et de la multiplicité, est source d'angoisse, car il oblige l'Homme à réinventer nombre de ses repères.

Retrouver le goût du futur, sortir de l'inquiétude du lendemain, partager une vision de l'avenir ni utopique, ni tyrannique, résister à la tentation de l'urgence et du résultat immédiat et, pas à pas, avancer pour construire ensemble. : Tel est le défi proposé afin de trouver entre « *le béton des convictions et le sable des émotions* » le matériau souple et robuste qui nous aidera à construire posément l'avenir.

Pendant les longues semaines passées en mer, j'éprouvais sans cesse le besoin de *« cultiver mon jardin »*, non pas pour succomber au fatalisme ou l'optimisme béat du Candide tel que peut le sous-entendre Voltaire dans son récit[32], mais au contraire pour m'apaiser. Ainsi, je lisais et relisais *« Terre des hommes »*[33], ouvrage au titre si évocateur pour moi, homme de mer, vivant loin des tourments de la terre.

J'ai, au fil de ces lectures répétées, mémorisé un passage de ce livre si criant d'actualité : *« Il est deux cents millions d'hommes, en Europe, qui n'ont point de sens et voudraient naître. L'industrie les a arrachés au langage des lignées paysannes et les a enfermés dans ces ghettos énormes qui ressemblent à des gares de triage encombrées de rames de wagons noirs. Du fond des cités ouvrières, ils voudraient être réveillés. Il en est d'autres, pris dans l'engrenage de tous les métiers, auxquels sont interdites les joies du pionnier, les joies religieuses, les joies du savant. On a cru que pour les grandir il suffisait de les vêtir, de les nourrir, de répondre à tous leurs besoins. Et l'on a peu à peu fondé en eux le petit bourgeois de Courteline, le politicien de village, le technicien fermé à la vie intérieure. Si on les instruit bien, on ne les cultive plus. Il se forme une piètre opinion sur la culture celui qui croit qu'elle repose sur la mémoire de formules. Un mauvais élève du cours de Spéciales en sait plus long sur la nature et sur les lois que Descartes et Pascal. Est-il capable des mêmes démarches de l'esprit ? »*

Je relisais aussi bien sûr *« Le petit Prince »* du même auteur, ouvrage dans lequel, à travers le personnage emblématique d'un petit garçon à la tête couronnée de

---

[32] *« Candide, l'optimiste »*, François-Marie Arouet, dit Voltaire, 1759.
[33] *« Terre des hommes »*, Antoine de Saint-Exupéry, 1939.

cheveux blonds, et celui d'un renard qui lui fait la conversation, nous sommes invités à réfléchir au temps : « *C'est le temps que tu as perdu pour ta rose qui rend ta rose si importante* » puis, quelques pages plus loin : « *L'avenir, tu n'as pas à le prévoir, mais à le permettre* » et enfin : « *Le véritable voyage, ce n'est pas de parcourir le désert ou de franchir de grandes distances sous-marines, c'est de parvenir en un point exceptionnel où la saveur de l'instant baigne tous les contours de la vie intérieure* ».

Le temps de la vie intérieure est un temps majeur qui permet de se ressourcer, de se nourrir de sens, de résister à la pression du temps de l'action : « *L'empire de l'homme est intérieur* ». [34] Nous sommes notre corps, cerveau, coeur, tripes et membres, et, à travers nos émotions, nous sommes les réactions de ce corps aux sollicitations du temps. Nos émotions sont des messages et des alertes qu'il faut prendre en considération pour ne pas souffrir inutilement. Ecouter son corps aide à maîtriser le temps.

Le temps de la vie intérieure, celui de notre conscience, est le temps du conflit de nos émotions. C'est ce conflit qui nous permet de grandir au fil du temps dès lors que l'on sait apprendre de lui, en retirer les leçons sans frustration ou culpabilité, en abandonnant l'idée qu'il existe une seule bonne réponse qu'il faut s'imposer et imposer aux autres, alors même que la réalité reste fondamentalement inaccessible à celui qui refuse de se questionner et d'accepter la diversité des possibles que la nature nous enseigne pourtant de manière si criante.

Pour donner toute sa place au temps de notre conscience, il est salutaire de se questionner régulièrement en se

---

[34] Antoine de Saint-Exupéry, « *Terres des Hommes* », 1939.

demandant : suis-je vraiment présent dans ma vie, partie prenante de mes émotions et décisions, acteur et non spectateur de ce qui m'arrive, conscient de la réalité qui m'entoure et avec laquelle j'interagis, ici et maintenant ? Finalement, ai-je pleine conscience que chaque instant de ma vie est unique ?

Il y a toujours le jour d'avant, mais le jour d'après lui reste en devenir. Dès lors que l'on accepte cela, vivre le jour présent est unique, et comment alors ne pas s'inspirer de ce passage du Siracide ou Ecclésiastique[35] qui nous dit qu'il y a un temps pour tout :

« *Il y a le moment pour tout et un temps pour tout faire sous le ciel :*
- *un temps pour enfanter et un temps pour mourir,*
- *un temps pour planter et un temps pour arracher le plant,*
- *un temps pour tuer et un temps pour guérir,*
- *un temps pour détruire et un temps pour bâtir,*
- *un temps pour pleurer et un temps pour rire,*
- *un temps pour lancer des pierres et un temps pour en ramasser,*
- *un temps pour embrasser et un temps pour s'abstenir d'embrassements,*
- *un temps pour chercher et un temps pour perdre,*
- *un temps pour garder et un temps pour jeter,*
- *un temps pour déchirer et un temps pour coudre,*
- *un temps pour se taire et un temps pour parler,*
- *un temps pour aimer et un temps pour haïr,*
- *un temps pour la guerre et un temps pour la paix ;*
Quel intérêt a-t-on à la peine qu'on prend ? Je regarde le métier que Dieu donne aux hommes. Tout ce qu'il fait

---

[35] *Siracide ou Ecclésiastique*, texte poétique de l'Ancien testament écrit vers 180 AVJC par Ben Sira, érudit juif vivant en Egypte.

convient à son heure, mais il leur donne à considérer l'ensemble du temps, sans qu'on puisse saisir ce que Dieu fait du début à la fin ».

Ce texte de l'Ancien testament nous invite à oser le présent, à le vivre pleinement et sereinement de toute notre âme, de toute notre conscience, en toute présence. Etre présent à soi et en soi, au monde et à l'autre, est un acte spirituel qui engage notre être tout entier dans une relation à soi comme à l'autre, en actes, paroles et attitudes. Etre là, tout entier, ici et maintenant, tel est le défi du temps présent, celui de notre conscience éveillée.

Notre temps personnel est tout à la fois le temps intérieur, celui qui nous permet de nous connaître et de grandir, et le temps extérieur, celui de l'autre. Sans temps intérieur, nous restons dans l'écume des jours sans signification, sans épaisseur. Nous ne pouvons pas grandir. Sans temps avec l'autre, impossible de nous éprouver, de nous construire. C'est cette alternance des temps pour nous et pour l'autre qui permet d'accepter l'incertitude dans laquelle nous baignons, tout à la fois émergé et immergé dans le temps, et d'y trouver du sens.

L'homme n'est pas fait pour vivre dans une *« insoutenable légèreté de l'être »*[36], mais pour s'attacher à sa rose, pour la cultiver, pour s'y piquer. Il est fondamental d'apprendre à assumer l'ennui, à entrer dans l'épaisseur des choses, c'est-à-dire à ne pas être en permanence dans l'immédiateté narcissique du plaisir consommable, du tout, tout de suite.

---

[36] *« L'insoutenable légèreté de l'être »,* Milan Kundera, 1982.

LE TEMPS DE LA SCIENCE ET DE L'UNIVERS

Le temps de la science.

Pour Isaac Newton, les lois de la nature sont toujours les mêmes, sans distinction possible du passé et du futur, à jamais déterminées.

Pour Albert Einstein, « *le temps est une illusion* », et seules les limites de notre connaissance nous empêchent de connaître le futur avec exactitude et certitude.

Ainsi, le temps de la science, celui du déterminisme de la pensée newtonienne à la relativité d'Einstein, ne fait aucune différence entre passé et futur. Pour beaucoup de physiciens, l'observation fondamentale de la nature démontre que ce n'est pas nous humains qui engendrons la flèche du temps chère à Ilya Prigogine[37], mais que nous la subissons comme tous les êtres vivants.

Cependant, à la différence des autres êtres vivants, animaux, végétaux et minéraux, n'avons-nous pas une certaine conscience de l'avenir ?

Que penser alors du déterminisme du temps décrit par Isaac Newton, ou de la relativité inéluctable de notre compréhension du temps théorisée par Albert Einstein ?

---

[37] Ilya Prigogine, physicien et chimiste belge d'origine russe, prix Nobel de chimie en 1977, connu pour ses travaux sur les structures dissipatives et ses nombreux ouvrages sur le temps : « *Physique, temps et devenir* », Masson 1980, « *Entre le temps et l'éternité* », Fayard 1988, « *La nouvelle alliance* », Gallimard 1986 co-écrit avec Isabelle Stengers.

Si nous retenons leurs idées, il nous faut admettre que le libre arbitre et même la créativité de l'être humain n'existent pas.

Ilya Prigogine récuse cette vision qui selon lui conduit à l'absurde : « *Le déterminisme ne saurait s'arrêter à la porte de notre cerveau* » fait-il remarquer. Pour lui, la théorie déterministe oppose irrémédiablement la science et la culture. Tout son travail consiste à dépasser cette opposition avec *la flèche du temps* : « *Le temps joue un rôle de construction du réel qui n'est qu'une possibilité parmi d'autres* ».

S'appuyant sur les lois du chaos qu'il a contribué à élaborer et selon lesquelles il est impossible de prévoir l'évolution d'un système complexe ou instable tant les conditions initiales en sont infinies, il réplique à Einstein que « *L'incertitude n'est pas dûe à notre ignorance, mais aux infinies possibilités de la nature* ».

Pour autant, Ilya Prigogine précise que les lois de la nature ne sont pas totalement aléatoires et imprévisibles. Refusant de choisir entre déterminisme, relativité et hasard, il écrit : « *Nous pouvons rationaliser le hasard, car les racines de la probabilité sont dans la nature* ». Et il ajoute : « *Le changement dans notre façon de voir les lois de la nature entraîne des changements dans notre compréhension de l'être humain. Si la nature est un automate, il est difficile alors de ne pas voir l'homme comme un automate* ».

Pour réfuter cette approche d'un être humain automate, il s'interroge sur la place de la créativité, des arts, des lettres et des sciences dans nos vies, et démontre que le concept du temps se fonde sur des systèmes physiques et chimiques dynamiques et instables, reconnaissance évidente que la vie est faite d'un mouvement perpétuel qui en grande partie nous échappe.

Alors que la science classique privilégie l'ordre et la stabilité, nous savons aujourd'hui que l'instabilité, on peut même dire l'incertitude, est une loi fondamentale de la vie. Dès que l'on accepte cette vision, la vie retrouve son sens, celui de l'incroyable diversité des possibles. La bipolarité du temps entre passé et futur cède alors la place aux infinies possibilités du présent, sans qu'aucune ne soit préalablement déterminées. Le temps est scientifiquement indéterminé

Le déterminisme est au coeur de la pensée humaine depuis l'Antiquité, notamment depuis les travaux de Socrate sur la rationalité. Comment concevoir la créativité et la liberté humaine si le déterminisme existe ?

Face à la complexité de l'univers tel que nous pouvons le comprendre, seule la fuite irréversible du temps décrite par Ilya Prigogine à travers l'image de la flèche du temps donne tout son sens à la créativité et à la liberté de l'homme. *« La nature comporte désormais une dimension narrative, alors que la vision scientifique classique de cette nature se fondait sur une certitude, un déterminisme. Le temps est la dimension fondamentale de notre univers, c'est lui l'élément narratif »*, dit-il. Ce n'est que débarrassés du déterminisme que les humains peuvent avancer en conscience et imaginer l'avenir, lequel est source d'inquiétude donc de créativité, d'activités artistiques autant que scientifiques.

Ce faisant, Ilya Prigogine rejoint Paul Valéry qui écrit : « *Le temps est construction* ».[38] En ce sens, il apparaît que la conception scientifique du temps est difficile à concilier avec celle du temps ressenti et vécu par les êtres humains, celui d'une lente et souvent chaotique réalisation de soi durant laquelle les possibles sont infinis autant qu'indéterminés.

Là est l'énigme de la science. Pourquoi fait-elle systématiquement le choix de l'éternité, du déterminisme immuable de la nature, contre le temps du devenir, celui de l'incertitude créatrice ?

Le temps scientifique crée une tension entre l'idée d'un monde régi par des lois intemporelles et déterministes, et celle d'une existence humaine pétrie de mémoire du passé, de vie au présent et d'imagination pour l'avenir, *flèche du temps* à la dynamique tout à la fois unique et multiple.

Entre le temps et l'éternité, cette flèche s'étire à travers l'œuvre humaine toujours recommencée, par les sciences et les arts, quête d'un graal toujours en devenir. Sciences et Arts conjuguent leurs efforts et leurs effets.

Le temps de l'univers. [39]

Michel Serres a une approche du temps proche de celle du védisme, c'est-à-dire celle d'une durée cosmique de l'histoire humaine dans laquelle l'univers est assujetti à un renouvellement cyclique infini, périodes de destruction et de reconstruction se succédant pour redonner naissance au même univers toujours infini.

---

[38] « *Regards sur le monde actuel* », série d'essais, Gallimard 1931.
[39] « *Les cahiers de l'Herne* », éditions de l'Herne, 2010.

C'est au XVIIIème siècle que les paléontologues ont ajouté des dizaines, puis des centaines de milliers d'années à l'origine de l'Homme à travers les études de datation de la planète Terre et du système solaire. Depuis, les récentes découvertes de Lucie puis de Toumaï ont permis de chiffrer en millions d'années l'apparition de la vie humaine sur Terre.

Parallèlement, l'analyse des strates de terrains, des carottes glaciaires, des retombées de gaz et de poussières astrales, ainsi que des éléments atomiques et chimiques présents sur notre planète, permet de chiffrer en milliards d'années celle de l'apparition de la vie depuis le big bang dont la datation est estimée à plus de 13 milliards d'années. Et de l'Univers, nous ne connaissons vraiment que quatre pour cent de l'étendue.

Inscrite dans chacune de nos cellules, l'histoire de l'univers est pour Michel Serres au centre de nos facultés mentales et de nos fonctions vitales : *« Si l'on considérait la seule tranche temporelle inaugurée depuis l'émergence de la vie que l'on comparerait à 24 heures de notre temps, alors l'apparition de l'homo sapiens serait à peine équivalente à la dernière minute ».*

Séparer le temps humain du temps de l'univers n'a pas de sens. Le temps se conçoit non seulement à travers celui des civilisations, mais aussi de notre commune appartenance humaine au monde physique, et à celui de l'ensemble des êtres vivants qui tous se sont adaptés aux évolutions de l'univers : *« J'appelle grand récit l'énoncé des circonstances contingentes émergeant tour à tour au cours d'un temps d'une longueur colossale, dont la naissance de l'univers marque le commencement et qui continue par son expansion, le refroidissement des planètes, l'apparition de la vie sur terre, l'évolution des vivants telle que le conçoit le néodarwinisme et celle de l'Homme ».*

Tout notre univers physique, psychique, culturel et social est inscrit dans celui de la vie et de l'espace temps infini du monde physique qu'est l'Univers. Son mouvement perpétuel rythme nos existences depuis la nuit des temps. C'est ce que Michel Serres appelle *l'hominescence* !

Ainsi le temps se compte en milliards d'années, durées inaccessibles à l'esprit humain. Elles sont pourtant essentielles dans la compréhension de notre humanité.

Faite de bouleversements, de ruptures, de destructions et de renaissances inachevées, la vie s'écrit et s'inscrit sans fin depuis des milliards d'années, et tout être vivant, dont l'Homme, porte en lui les traces de cette histoire. Elle est inscrite dans les minéraux, les végétaux, les animaux comme dans les humains. *L'hominescence* est un mouvement perpétuel dont tous les êtres vivants sont acteurs autant que porteurs : *« En croyant nous activer dans un espace stable, nous mortels journellement tissons, trame sur chaîne, de la tapisserie milliardaire ».*

L'intemporel est la clé de l'Univers. Le soleil, qui nous chauffe et nous éclaire, se transforme imperceptiblement à chaque seconde depuis des milliards d'années, libérant l'énergie créatrice qui nous permet de vivre sur Terre sans nous consumer. *L'incandescent* permet *l'hominescent* !

Tout est dans le mouvement, ce que la thermodynamique qualifie d'écart d'équilibre par opposition à la situation du parfait équilibre qui est égal à l'inertie, donc à la mort plus ou moins lente. Le mouvement de l'Univers ne cesse d'assurer sa renaissance continue. On retrouve là la flèche du temps !

Michel Serres lui préfère l'image des rameaux : le temps permet la génération infinie de nouveaux rameaux à partir du tronc de l'Univers. Chaque apparition d'une nouvelle opportunité perturbe l'équilibre général de l'ordre établi pour un instant et conduit à un nouvel équilibre.

Eternellement renaissante, la nature qui étymologiquement signifie *« ce qui naît »* n'est jamais en parfait équilibre. Les inventions continues de l'Homme participent de cet état permanent de renaissance. La liberté de l'Homme n'est pas un statut définitif de supériorité, mais seulement une capacité dont il peut ou non faire usage pour inventer, modifier et créer ses relations au monde naturel.

Source de notre incandescence, notre liberté se retrouve toute entière dans nos mains qui peuvent aussi bien prendre, donner, recevoir, montrer, cacher, caresser, frapper, griffer, jouer d'un instrument, peindre, écrire, manipuler des outils etc. Sans cesse notre corps sait s'adapter. Ce qui est vrai de notre corps l'est de notre cerveau. Sans cesse nous multiplions nos rameaux !

Cette vision du temps infini, sans cesse recommencé, imaginé, créé par l'Homme *« animal déprogrammé »* est porteuse de toutes les espérances. Elle nous invite à l'humilité autant qu'à la créativité.

« Notre espèce n'est humaine que dans l'exode, voilà son destin sans définition, sa fin sans finalité, son projet sans but, son voyage, son errance, l'essence de son hominescence. Sans cesse, nous appareillons ».

Finalement, le temps est bien notre meilleur allié. Il porte en lui une incroyable énergie créatrice capable de nous aider à surmonter nos angoisses mortifères.

Il nous faut être capable de considérer la vie comme source d'une naissance incessante, à l'invitation d'Antoine de Saint Exupéry qui écrit dans Pilote de guerre: *«Vivre, c'est naître lentement».*

Le temps nous place devant le choix majeur et imprévisible d'oser le risque d'une vie toujours naissante.

LE TEMPS DE L'ART ET DES CIVILISATIONS

Le temps de l'art.

Le temps est présent dans de nombreuses œuvres artistiques, que ce soit en littérature, peinture, sculpture, architecture, musique, danse, théâtre, cinéma, orfèvrerie etc.

Sans prétendre brosser un panorama exhaustif de la représentation du temps par les arts, comment ne pas être ému devant la splendeur picturale des cadrans solaires romains et des calendriers aztèques ou hindous, devant la magnificence des pendules, horloges et montres réalisées par les plus grands orfèvres, comme à la vue du bas relief en marbre exposé à la galerie du temps au Louvre Lens intitulé « *Le temps à l'œuvre* » montrant la fortune à la voile et la mort au gouvernail, ou encore à l'écoute des *Quatre saisons* de Vivaldi ou d'*Avec le temps* de Léo Ferré, mais aussi à la lecture du roman cathédrale de Marcel Proust *A la recherche du temps perdu* ?

Le temps est une source infinie de créativité. Dans toutes les œuvres qui s'y rapportent on trouve le questionnement permanent sur la durée de la vie, la mort, le cycle passé, présent, futur.

Le bureau que j'occupais en tant que DRH à l'hôtel de la marine, siège de l'état-major de la marine donnant sur la place de la Concorde à Paris, était décoré d'un triptyque de trumeaux représentant les trois Moires. La signification temporelle de ce décor associé à la fonction de DRH m'a toujours interpellé.

Les Moires en grec, ou Parques en latin, sont les trois déesses qui tirent, filent et coupent le fragile fil de la vie des hommes. Leur nom, en grec, signifie « *part* », c'est-à-dire la portion allouée à chaque mortel, son destin.

Les Moires sont trois sœurs, filles de Nyx (la Nuit) et d'Érèbe (le Chaos) ou, selon une autre source, filles de Jupiter (Dieu du Ciel) et de Thémis (la Justice), ou encore, d'après certains poètes, filles d'Ananké (la Nécessité) et du Destin. L'obscurité de leur naissance indique qu'elles ont exercé leurs fatales fonctions dès l'origine des êtres et des choses ; elles sont aussi vieilles que la Nuit, la Terre et le Ciel.

Les Moires se nomment Clotho, Lachésis et Atropos, respectivement Nona, Decima et Morta en latin, et habitent un séjour voisin de celui des Heures, dans les régions olympiques, d'où elles veillent non seulement sur le sort des mortels, mais aussi sur le mouvement des sphères célestes et l'harmonie du monde. Elles ont un palais où les destinées des hommes sont gravées sur le fer et sur l'airain, en sorte que rien ne peut les effacer. Immuables dans leurs desseins, elles tiennent ce fil mystérieux, symbole du cours de la vie, et rien ne peut les fléchir ni les empêcher d'en tirer, filer et couper la trame.

Selon Hésiode [40], ces divines et infatigables filandières n'ont pas seulement pour fonction de dérouler et de trancher le fil de la destinée des hommes. Elles président aussi à la naissance des hommes, sont chargées de les conduire à la lumière, de servir de guides aux héros, et de poursuivre les criminels de leur colère.

---

[40] Poète grec du huitième siècle AV JC auteur de textes sur la mythologie : « *La Théogonie* » et « *Les travaux et les jour*s ».

Les Moires ou Parques sont le plus souvent représentées sous la forme de trois femmes aux visages sévères, parfois aveugles, accablées de vieillesse, avec des couronnes faites de gros flocons de laine entremêlée de fleurs de narcisse ou de jonquille. Certains artistes les couronnent d'or ou de simples bandelettes, d'autres de branches de chêne vert au feuillage permanent symbolisant la pérennité du lien entre la vie et la mort.

Clotho (la fileuse) - ou Nona pour les Romains - ainsi nommée d'un mot grec qui signifie *« filer »*, paraît être la plus jeune des Parques. C'est elle qui tient le fil des destinées humaines. On la représente vêtue d'une longue robe de diverses couleurs, portant une couronne formée de sept étoiles, et tenant une quenouille qui descend du ciel à la terre. La couleur qui domine dans ses draperies est le bleu clair.

Lachésis (la répartitrice) - ou Decima pour les Romains - nom qui en grec signifie *« sort »* ou *« action de tirer au sort »,* est celle qui enroule le fil sur le fuseau. Ses vêtements sont quelquefois parsemés d'étoiles, et on la reconnaît au grand nombre de fuseaux épars autour d'elle. Ses draperies sont de couleur rose.

Atropos (l'implacable) - ou Morta pour les Romains - c'est-à-dire *« inévitable »* en grec, coupe impitoyablement le fil qui mesure la durée de la vie de chaque mortel. Elle est représentée comme la plus âgée des trois sœurs, avec un vêtement noir; près d'elle, on voit plusieurs pelotons de fil plus ou moins garnis suivant la longueur ou la brièveté de la vie mortelle qu'ils mesurent.

Rares sont les textes anciens qui nous parlent des Parques ou Moires. Parmi eux, le plus important est sans doute cet *Hymne Orphique* [41] :

« Parques infinies, filles de la nuit obscure, je vous implore, ô vous qui sur les bords du marais céleste, aux lieux où une eau sombre coule éternellement d'une fontaine infernale sous un épais brouillard, présidez aux âmes des morts qui sont réfugiées dans les profondeurs de la terre, vous venez aux demeures tumultueuses des hommes, accompagnées de l'Espoir et les yeux couverts de voiles de porphyre ; ainsi traînées par vos rapides coursiers, vous arrivez dans le champ fatal, aux limites de la Justice, de l'Espoir et des Inquiétudes, car la Parque est la maîtresse de la vie. Aucune autre des divinités qui habitent les sanctuaires du ciel n'accompagne aussi fidèlement Jupiter. La Parque sait tout ce que l'avenir nous réserve, tout ce qui est connu à la pensée habile de l'éternel Jupiter. O vierges de la nuit, soyez-nous favorables, soyez-nous bienveillantes ; Atropos, Lachesis, Clothos, déesses invisibles, redoutables, toujours inquiètes, car tout ce que vous donnez aux mortels c'est vous-mêmes qui le leur enlevez ; ô Parques, écoutez les prières des prêtres, écartez de l'âme d'Orphée tous les chagrins terribles ».

Dans *La République*, Platon attribue à Lachésis le rôle d'avoir *« sur ses genoux des sorts et des modèles de vie »* qui sont distribués lors d'une cérémonie à l'issue de laquelle les âmes des défunts sur le point de revenir sur terre se voient présenter les *« sorts »* correspondant à leur réincarnation future en homme ou en animal.

---

[41] Les *Hymnes Orphiques* sont une collection de 87 petits poèmes liés au culte d'Orphée, dont on ne connaît pas la date de composition.

Homère, dans l'*Iliade* et l'*Odyssée* indique que les Moires filent, dès la naissance d'un enfant, sa destinée. Pour supporter le destin, les Moires ont donné aux hommes la patience et l'espérance qui leur permettent d'endurer leurs maux.

Enfin Eschyle [42] dans sa pièce *Prométhée enchaînée* indique un étrange épisode mythique au cours duquel Apollon enivra les vieilles déesses afin de rendre les hommes immortels !

Je n'ai jamais cessé, pendant les années passées à partager ce bureau avec les trois Parques, à me nourrir de leurs messages:

« Oh Patientes Parques, vous qui dans un épais brouillard venez aux demeures tumultueuses des hommes, accompagnées de l'Espoir, vous qui arrivez dans le champ fatal de nos vies, aux limites de la Justice, de l'Espoir et des Inquiétudes, soyez-nous favorables, soyez-nous Bienveillantes ».

Justice, Espérance, Patience, Exigence et Bienveillance au service de la Destinée des hommes et des femmes de l'entreprise, n'est-ce pas la plus belle des manières de vivre le temps d'un DRH comme d'un dirigeant ? Inspiré par les Parques, j'en suis pour ma part convaincu.

---

[42] Auteur grec de la fin du sixième siècle et du début du cinquième siècle AVJC.

Les temps des civilisations.

« La civilisation de jouissance se condamne elle-même à la mort lorsqu'elle se désintéresse de l'avenir ».[43]

Le terme *« civilisation »* vient du latin *civis* signifiant *« citoyen »* par dérivé de *« civil »* et *« civiliser »*. Il revêt bien des aspects, et la notion du temps y est subrepticement présente, liée aux différents modes de vie collective des sociétés constituées autour de mêmes valeurs, us et coutumes, mais aussi au développement des technologies, des sciences, des arts, du savoir ainsi qu'à la géographie et la climatologie.

Née au siècle des Lumières sous la plume de Condorcet et du père du célèbre révolutionnaire Mirabeau, l'idée de civilisation a étonnamment légitimé la colonisation des peuples du monde au nom d'une vision humaniste et progressiste qui découlait de l'essor de l'occident. On sait aujourd'hui toutes les limites de cette vision, en particulier celles liées au temps que nombre de peuples africains, amérindiens, asiatiques, océaniens et orientaux maîtrisent bien plus harmonieusement que nombre d'occidentaux.

Si le terme de civilisation reste un concept délicat à formaliser, la prégnance de communautés humaines unies durant plusieurs siècles, voire millénaires, autour de faits linguistiques, éthiques, géographiques, culturels, religieux ou politiques, est bien une réalité. Dans chacune de ces communautés, le rapport au temps est une clé majeure du *« vivre ensemble »*. Rythmé par le nombre de prières quotidiennes ou hebdomadaires, l'organisation de l'éducation, du travail, des loisirs, de l'économie, de la vie

---

[43] Raymond Aron, œuvres complètes, Perrine Simon et Elisabeth Dutartre, Julliard 1989.

politique etc. le temps est omniprésent dans chacune des « *sociétés civilisées* ». Même si la mondialisation tend à les uniformiser en apparence, de réelles différences subsistent.

Ainsi, en visionnant une image de la terre prise par un satellite la nuit, comment ne pas être frappé par la concentration de lumières en chapelets très denses dans les mégapoles urbaines le longs des littoraux, et les immenses zones sombres des déserts, montagnes, plaines et forêts pourtant habitées par de très anciennes civilisations. Il est encore de nombreux espaces où la géographie et le climat commandent le temps, et il faut avoir l'humilité d'admettre qu'un train à grande vitesse peut prendre beaucoup de retard quand la neige, les pluies torrentielles ou les tempétueuses bourrasques de vent viennent à perturber les conditions de circulation, tout comme en mer un navire doit savoir naviguer à la cape pendant de longues journées, ou un avion contourner les énormes cumulonimbus. Le temps de la nature garde tous ses droits, quelques soient les inventions civilisées de l'Homme !

En analysant le tableau synoptique des civilisations humaines sur 4 000 ans, de l'an moins 2 000 à l'an 2000, comment ne pas être frappé par le fait qu'une seule d'entre elles est toujours vivante comme à son origine : celle des Pygmées ! Toutes les autres ont disparu ou évolué en se métissant. Quelle leçon tirer de ce constat ?

Ce qui caractérise une civilisation selon les universitaires du monde entier, historiens, philosophes, géographes, sociologues, économistes, politologues, anthropologues, ethnologues etc. c'est :

- La présence d'une « *cité* » (Territoire)
- L'organisation des services publics (Etat)
- L'organisation du travail et du commerce (Economie)
- L'activité scientifique et technique (Sciences)
- L'activité artistique (Art)
- Des lois organisant la vie citoyenne (Justice et Sécurité)
- Une langue et une histoire communes (Culture)

Pour autant, l'analyse objective de ce que les différentes cultures peuvent inspirer comme progrès à notre monde contemporain démontre que la notion de civilisation est protéiforme et qu'elle correspond le plus souvent pour un individu donné à la plus grande subdivision de l'humanité à laquelle il peut s'identifier.

Au sein des subdivisions de l'humanité, le rapport au temps est un sujet permanent, opposant le plus souvent « *les anciens* » et « *les modernes* », ceux pour qui les traditions doivent guider la vie de la cité à ceux pour qui le futur doit en être le seul moteur. La conciliation du passé et du futur reste un défi permanent. Chateaubriand, vers la fin du 18ème siècle, dénonçait déjà « *un monde sans autorité consacrée, placé entre deux impossibilités : l'impossibilité du passé et l'impossibilité de l'avenir* ».[44]
L'impossibilité du passé comme de l'avenir se traduit par un sentiment collectif de doute et d'inquiétude. Paul Valéry de son côté écrivait dans les années 1930 :
« *La tradition et le progrès sont deux ennemis du genre humain* ».[45]

Chez les Pygmées, la conciliation du passé et du futur se fait au présent et passe par les chantefables, récits à

---

[44] « *Mémoires d'outre-tombe* », François-René de Chateaubriand, Penaud Frères, 1850.
[45] Voir chapitre « *Tradition* » de mon ouvrage « *L'Art de diriger ?* », l'Harmattan 2013.

caractère symbolique où alternent parties chantées, parties parlées et parties mimées. Au cœur de la vie sociale des Pygmées, ces contes sont théâtralisés et, si leur fonction principale semble être source de divertissement, ils n'en contiennent pas moins un caractère éducatif en permettant la transmission orale du savoir collectif.

Tantôt drôles, tantôt inquiétants, les contes pygmées mettent en scène des animaux, des hommes et des plantes. Bangondo l'hippopotame, Bongo l'antilope bleue ou encore Ngômbé le grand arbre en sont parmi les héros. Le cadre en est toujours la forêt, univers merveilleux et fascinant où les arbres et les animaux savent parler et s'adresser aux hommes.

De fait, l'histoire des Pygmées fascine et trouble les anthropologues depuis le XVIIIème siècle. Chercher l'origine de ce peuple revient en effet à remonter aux sources de l'Humanité, les pygmées étant l'une des plus vieilles populations humaines connues, leur ADN révélant une identité remontant à... 70 000 ans !

Peuple mythique dont les derniers survivants sont estimés à un peu moins de 200 000 individus[46], les pygmées d'Afrique seraient les descendants de très anciennes populations vivant au paléolithique dans la région des Grands Lacs. Chassés peu à peu par les vagues successives de migrations d'autres peuples africains venus du nord et de l'est de l'Afrique, les pygmées se sont réfugiés il y a plusieurs dizaines de milliers d'années dans la grande forêt équatoriale ou à ses pourtours. Certains anthropologues

---

[46] En Asie, les populations pygmées ne regroupent plus que quelques dizaines d'individus réparties en Thaïlande, Malaisie et Indonésie. On ne sait que peu de choses sur ces derniers survivants qui vivent isolés du monde.

ont identifié dans les traditions orales des peuples d'Afrique centrale l'évocation fréquente de *« petits hommes, esprits de la forêt, ... »* comme étant les premiers habitants de leurs pays.

Répartis en une dizaine de groupes distincts par la langue et le physique, mais très proches culturellement, les groupes les plus connus de Pygmées sont les Ba-Aka (Centrafrique), les Ba-Benzélé (Centrafrique et Cameroun), les Ba-Binga (République démocratique du Congo et Cameroun), les Ba-Twa et les Ba-Mbuti (République démocratique du Congo), et enfin les Ba-Bibayak (Gabon, Cameroun). On trouve aussi des Pygmées au Rwanda, au Burundi et en Ouganda.

Ces populations de chasseurs et cueilleurs ne pratiquent ni l'élevage, ni la culture de la terre. Alors que leur mode de vie est resté l'un des plus primitifs de la planète, les Pygmées ont traversé l'histoire moderne de l'Afrique, en échappant aux grands cataclysmes : l'esclavagisme, la colonisation, l'épidémie du Sida.

Les Pygmées étonnent tous les anthropologues par leurs extraordinaires connaissances ancestrales, notamment dans les domaines de la biomédecine, de la zoologie et de la cosmogonie qui les placent parmi les meilleurs experts au monde des sciences de l'Univers. Les Pygmées aiment se définir eux-mêmes comme *« petits entre les petits, maîtres du temps, de la terre, de tout l'univers »*. Rois de la forêt dont ils connaissent intimement la faune et la flore, ils y trouvent, outre leur habitat et leur nourriture, les sources d'inspiration de leurs histoires, contes et légendes, ainsi que de leurs chants et musiques.

La musique des Pygmées est fonctionnelle, liée directement à leur vie sociale. Elle est essentielle au bon déroulement des activités principales de la vie de tous les jours. On chante donc quotidiennement et les enfants, dès leur plus jeune âge, baignent dans cette ambiance où leur apprentissage est pris très au sérieux. Très tôt, ils apprennent à posséder les différentes formules qui leur permettront d'être une maille supplémentaire de la polyphonie, formules interchangeables destinées à éviter l'unisson. Il est intéressant de noter que les langues parlées par les Pygmées sont des langues tonales, ce qui explique que pour savoir parler pygmée, il faut d'abord savoir chanter !

Le groupe fonctionne en musique, vit en musique. Le chant fait partie intégrante de toute activité, il est lui-même acte social, il est système de communication, il intervient dans toute une série de fonctions ou de divertissements journaliers : berceuses, jeux d'enfants, danses des nuits de pleine lune, consécration d'un nouveau campement, naissances, mariages, décès, etc. Les chants, associés aux rituels de divination, trouvent une place privilégiée dans la musique des Pygmées. Au cours de ces cérémonies, le personnage central est le guérisseur, le devin. Il voit, par exemple dans le feu, la maladie de son patient, ainsi que les remèdes nécessaires. Il peut également être investi de la tâche de découvrir le coupable d'une mort suspecte. C'est éventuellement dans l'eau qu'il voit les signes à interpréter. Pour choisir l'établissement du prochain campement, il dépose sous sa langue un fragment de la racine - à propriété hallucinogène - d'un petit arbre appelé bondo, d'où le nom du rituel.

La musique rythme la vie des Pygmées, de la naissance à la mort. Des berceuses aux chants pour enfants, des chants de chasse et de travail aux chants rituels, c'est toute la vie qui s'organise en polyphonies, et jamais on ne chante à l'unisson, comme si, dans le labeur quotidien, chacun devait avoir une tâche distincte, contribuant ainsi personnellement et spécifiquement à l'édifice social et économique commun. Et, quand surgit la mort, c'est un autre rituel émouvant qui se met en place. Tous les membres de la communauté se rassemblent autour du cadavre et entonnent le poignant Boyiwa (chez les Ba Aka), chant purement vocal sans le moindre accompagnement d'instrument ou de battements de mains. Une fois le cadavre mis en terre, le campement danse sur les musiques de funérailles destinées à redonner le goût de la vie aux proches du défunt.

Demain, les derniers Pygmées?

Si les Pygmées ne vivent plus tout à fait comme leurs ancêtres - ils portent des tee-shirts usés de clubs de football européens, et même, parfois des chaussures de plastique, ont troqué leurs arcs et arbalètes contre des fusils artisanaux, et appris l'usage de quelques ustensiles de cuisine, du savon et des cigarettes, voire d'un poste de radio - l'essentiel de leur culture ancestrale demeure. Elle gravite autour de la forêt dont les Pygmées sont inséparables, et de leur tradition orale, principalement chantée.

Depuis environ vingt-cinq ans, la vie des Pygmées d'Afrique a de fait changé : certains ne restent plus dans la forêt que pendant la saison des pluies. La saison sèche les voit s'installer en lisière, à proximité des villages africains avec lesquels ils opèrent des échanges : trocs de viande contre des armes, des métaux, etc. Ils sont souvent liés à des populations de *«grands Noirs»* dans un système de dépendance. S'ils demeurent semi-nomades, la cohabitation avec « *les grands Noirs* » entrainent des changements dans leurs rituels et pratiques culturelles. Faut-il en déduire qu'ils sont en danger, que leur civilisation risque de s'effondrer ? Les dangers sont probablement différents selon les endroits.

Ce qui reste extraordinaire, c'est que tous les groupes pygmées gardent en commun le même héritage ancestral de culture orale, chantée. Aucun Pygmée ne connaît son âge ni ne sait que ses traditions orales lui valent de faire partie depuis peu du « *patrimoine immatériel de l'humanité* ». Puisse ce classement patrimonial les protéger ! Leur modèle de vie sociale favorisant l'autonomie au service du groupe peut et doit utilement nous inspirer, tout comme leur rapport au temps associant « *en musique* » passé, présent et futur.

Le temps de l'instantanéité plurielle qui est désormais le nôtre à l'échelle du globe, et qui ressemble fort à la noosphère décrite par Teilhard de Chardin[47], doit nous inviter à dépasser les clivages idéologiques pour leur préférer le choix résolu de l'altérité et progresser vers toujours plus de maturité individuelle et collective en nous inspirant du modèle pygmée : favoriser l'autonomie de chacun en l'orientant vers le service du bien commun.

Cela passe la volonté de chacun d'entre nous de prendre le temps de l'écoute et du dialogue, puis celui de la réflexion, et seulement après celui de l'action. La forme absolue du courage n'est-elle pas la patience, cette vertu qui invite à savoir prendre son temps ? Il est tellement facile de se

---

[47] Pierre Teilhard de Chardin, « *Le phénomène humain* », Seuil, 1955. La noosphère désigne une sphère immatérielle entourant la terre qui contiendrait toutes les consciences et connaissances de l'humanité.

laisser emporter dans l'action, souvent grisante avant d'être épuisante, et tellement plus difficile de lui résister en prenant le temps de s'interroger sur son utilité, sur le sens à lui donner.

Alimentée par l'envie d'exister face à une autre, l'action nous conduit trop souvent à une situation de conflit alors qu'elle devrait idéalement être guidée par cette pensée de saint Thomas d'Aquin : *« Je ne cherche pas à vaincre mon adversaire, mais à m'élever avec lui vers une vérité toujours plus haute ».* [48]

Cela prend du temps, celui de l'humour comme source d'humilité et d'amour, celui du refus des stigmatisations et des exclusions de toutes natures, et de la violence qui en découle.

Pour que le temps ne soit pas synonyme de violence, il nous faut comprendre qu'il n'est ni cyclique, ni linéaire, mais spiralé, c'est à dire recommencement permanent. C'est en cela que l'homme n'est pas soumis au temps, mais le temps soumis à l'homme, celui du progrès continu de sa liberté, de sa conscience, de ses choix, de son engagement. Le temps est une lente construction, celle de son soi en relation constante à l'autre et au monde. Le temps est relation.

Dans cette conception du temps relation, les rites sont essentiels. Le rite ordonne l'existence, donne une maîtrise sur le temps qui passe : *« Si tu viens n'importe quand, dit le renard, je ne saurai jamais à quelle heure m'habiller le coeur... Il faut des rites. - Qu'est-ce qu'un rite ? dit le petit prince. - C'est quelque chose de trop oublié, dit le renard.*

---

[48] Saint Thomas d'Aquin, *« Somme théologique - prima secundae »*, 1266-1273.

C'est ce qui fait qu'un jour est différent des autres jours, une heure, des autres heures. Il y a un rite, par exemple, chez mes chasseurs. Ils dansent le jeudi avec les filles du village. Alors le jeudi est jour merveilleux ! Je vais me promener jusqu'à la vigne. Si les chasseurs dansaient n'importe quand, les jours se ressembleraient tous, et je n'aurais point de vacances ».[49]

---

[49] Antoine de saint Exupéry, « *Le petit Prince* », *1943.*

EPILOGUE

Franck Morel
Avocat, Barthélémy Avocats

Je fus frappé dans une époque de ma vie professionnelle où j'organisais des séminaires à l'étranger pour les acteurs des relations sociales de constater à quel point la relation au temps était différente en Chine par rapport à celle des occidentaux.

Conscients d'appartenir à une civilisation millénaire, les chinois ont un rapport au temps distancé et utilitariste. L'agenda, même électronique, si précieux pour nous permettre d'organiser longtemps à l'avance nos activités, est un objet peu fréquent chez eux tant la gestion des rendez-vous et des tâches va dépendre de leur degré de priorité beaucoup plus que de l'antériorité de leur programmation. Très perturbante pour un français qui aura le sentiment de ne pas pouvoir organiser efficacement un événement, cette approche est révélatrice de positions différentes en terme de confiance dans les effets du temps.

A partir du modèle conçu par l'anthropologue Geert Hofstede[50] pour évaluer la distance culturelle entre deux pays, on peut ainsi constater que le français est très soucieux de contrôler l'incertitude de l'avenir, le chinois ne l'étant pas tellement, alors qu'à l'inverse, il pense sur le long terme beaucoup plus que le français.

---

[50] Geert Hofstede « *Vivre dans un monde multiculturel : Comprendre nos programmations mentales* » Les éditions d'Organisation, 1994.

Ces constats illustrent bien l'enjeu d'une relation au temps confiante qui dépasse l'instantanéité, celui de l'acquisition d'une forme de sérénité.

Comment dépasser une vision craintive du temps, subissant le caractère impératif d'une horloge qui rythme notre vie pour retrouver une distance libératrice permettant une expression spontanée et créatrice de l'art de chacun ?

« *Vulnerant omnes, ultima necat* », cet adage latin dont on trouve trace sur des horloges à Pompéi illustre bien cette souffrance du temps qui nous rapproche inexorablement de la mort. Ce mal doit être dompté, chaque instant devant être profitable.

C'est toute la question de la confiance dans la maîtrise du temps, de son organisation, de ses effets, qui est soulevée.

Mais cette nécessaire approche dépassionnée est largement impactée par les mutations de l'organisation des temps sociaux.

Ainsi, le théâtre classique a été régi dès le XVIIe siècle selon les règles des trois unités, résumées par Boileau sous forme de vers :
« *Qu'en un lieu, qu'en un jour, un seul fait accompli tienne jusqu'à la fin le théâtre rempli* ». [51] Cette conception du théâtre a influencé notre relation au temps sociaux.

Une séquence d'action se déroulait en un lieu dédié pendant un moment consacré. L'organisation scientifique du travail, le fordisme se sont inscrits pleinement dans ce

---

[51] L'art poétique, Boileau, 1674, chant 3 vers 45-46

mouvement de segmentation du temps de manière utilitaire et étanche.

Cette approche connait de plus en plus de limites. Les frontières explosent entre vie personnelle et vie professionnelle, entre les différentes séquences d'action qui nous poussent à un relativisme plus poussé, qui nous entrainent à trouver de nouvelles approches du temps.

Cette histoire populaire de deux jésuites illustre la nécessaire relativité des actes les uns envers les autres dans le temps. Deux moines, grands fumeurs, un bénédictin et un jésuite, se demandent si on peut prier et fumer en même temps. Posant la question à l'évêque séparément, ils confrontent les réponses obtenues ayant l'impression pour l'un d'avoir entendu un non et l'autre un oui. Le premier a demandé s'il pouvait fumer lorsqu'il priait. Le second, à l'inverse, a demandé s'il pouvait prier lorsqu'il fumait, l'évêque répondant *« on peut toujours prier »*.

On voit bien que la juxtaposition de temps dont l'objet est de nature différente soulève des questions délicates quasi théoriques. Les 24 heures d'une journée sont parfois consacrées à des tâches uniformes bien définies, mais vont parfois voir se combiner plusieurs actions.

Comment, dans une règle à 24 divisions, attribuer à chacune de ces segmentations une seule activité ?

Cette question sensible est au cœur des débats sur les frontières de plus en plus poreuses entre travail, repos, astreinte, vigilance etc.... Elle est également au cœur des débats multiples induits par l'utilisation de l'informatique et des nouvelles technologies de l'information et de la communication tant chez soi que pour travailler.

Le télétravail à domicile ou l'accomplissement de tâches personnelles sur son lieu de travail achèvent cet inventaire des situations de troubles des frontières travail/vie personnelle.

On se situe désormais très loin de la loi du 21 juin 1936 qui établissait la semaine de quarante heure et des décrets d'application – les fameux « décrets de 36 » toujours en vigueur – qui indiquaient limitativement les possibilités d'organisation de l'horaire collectif sur 5 jours, 5 jours et demi ou 6 jours par semaine et les possibilités ou non de travail posté en équipes.

Cette réalité de la France industrielle des années trente est de plus en plus restreinte. Une approche plus souple, plus individualisée, mais il est vrai moins exhaustive et plus floue du temps de travail, a de plus en plus prévalue dans les entreprises.

L'histoire de la régulation du temps de travail, c'est du reste l'histoire d'une régulation aux seules fins de sécurité aux origines des plus fragiles vers une régulation aux fins de conciliation des exigences liées aux aléas économiques de la vie de l'entreprise avec les contraintes personnelles des salariés.

Le déplacement du module journalier de comptabilisation du temps travaillé au XIXe siècle vers un module hebdomadaire pendant *«Les Trente Glorieuses»* selon l'ouvrage de Jean Fourastié[52], pour se diriger de plus en plus depuis notre nouveau siècle vers un module annuel illustre bien cette évolution.

---

[52] Jean Fourastié, « *Les Trente Glorieuses* » Hachette, 1979.

La prochaine évolution consistera à se déplacer vers un module pluriannuel pour considérer le temps de travail dans une vie entière. Le compte épargne temps, encore trop peu utilisé permet cette mutation. Une logique de compte de droits sociaux, maintes fois abordée dans plusieurs rapports sous diverses dénominations (compte social universel, compte individuel social, etc.) y contribuera[53].

C'est l'un des enjeux des années à venir qui montrera comment une volonté politique forte peut maitriser la complexité.

Par ailleurs, le temps est-il toujours la seule variable de mesure de la valeur d'une activité ? Demeure t-il le seul étalon pertinent de la manière dont elle doit être considérée ?

Lorsque je suis devenu avocat, j'ai appris à facturer à mes clients des unités de temps en fonction d'un taux horaire. On voit bien la limite d'un tel raisonnement tant une heure d'analyse d'un dossier ardu ou d'expression dans une réunion dans une langue étrangère est plus intense en terme de charge quasi physique qu'une heure de simple participation à une réunion. Il ne suffit pas de vivre longtemps, il faut vivre intensément pourrait-on dire. Cette intensité, cette charge émotionnelle qui n'est donc pas une durée est complexe à mesurer car forcément relative d'un individu à l'autre.

---

[53] « Sécuriser les parcours professionnels par la création d'un compte sociale universel » **Rapport au Ministre du travail, François Davy, avril 2012.**

C'est la raison pour laquelle notre rapport au temps pour être pleinement profitable doit être irrigué par deux notions : le relativisme et la confiance.

Le relativisme doit permettre de nous situer dans un continuum de long terme. Paul Gauguin a peint en 1898 un célèbre tableau intitulé « *D'où venons-nous ? Que sommes-nous ? Où allons-nous ?* ». Il avait juré de mettre fin à ses jours après la peinture de ce tableau « *Testament* ». Les trois « *âges* » de la vie y sont représentés, le tableau se lisant de droite à gauche.

Ce qu'il a présenté comme une toile qui dépasse en valeur toutes les précédentes doit demeurer présent à notre esprit afin de relativiser l'urgence et l'importance des tâches que nous réalisons. Tout est urgent et rien ne l'est. Comme le disait Nietzsche[54] « *Rien ne vaut rien. Il ne se passe rien et cependant tout arrive. Mais cela est indifférent* ».

C'est cette capacité pragmatique et sereine à revoir à ce continuum permanent qui doit permettre de programmer ce qui doit l'être seulement, et de considérer les choses selon leur véritable degré de priorité.

La seconde notion, celle de la confiance, est primordiale pour appréhender le temps efficacement. Le temps de travail est le champ privilégié d'une négociation collective toujours active avec environ 10.000 accords d'entreprise par an signés sur ce thème[55]. C'est encore peu, mais c'est vingt fois plus qu'il y a trente ans.

---

[54] Friedrich Nietzsche « *Ainsi parlait Zarathoustra* » édition 1888. Traduction par Henri Albert. Société du Mercure de France et Naumann, 1898 (pp. 331-461).
[55] Bilans et Rapports annuels de la négociation collective, Ministère du travail

La confiance dans l'approche du temps, dans le cadre d'une négociation qui sera de plus en plus la règle, tant les possibilités d'aménagement du temps existent, favorisera un cadre plus souple et donc plus adapté. C'est cette confiance qui nous permet de dépasser une conception rigide et mécanique du temps pour en saisir toutes les subtilités, toutes les nuances.

Lorsque j'ai eu l'honneur de conseiller Xavier Bertrand au ministère du travail et d'œuvrer pour une simplification du cadre légal applicable au temps de travail, le gouvernement a pu faire adopter une loi, la loi du 20 août 2008, qui pour la première fois depuis des décennies a divisé par deux le nombre des dispositions légales du code du travail relatives au temps de travail. Ces dispositions n'ont jamais été remises en question et elles offrent le cadre pour que les acteurs économiques et sociaux adaptent l'organisation du travail.

Il faudra sans doute aller plus loin pour permettre encore plus la prise en compte de ce besoin de souplesse, de réactivité, de relativisme et de confiance…mais ce sera une autre histoire.

POSTFACE

Marcel Grignard
Syndicaliste

Le constat que nous ne sommes pas dans une crise, mais confrontés à de multiples crises enchevêtrées, les unes alimentant les autres, s'impose de plus en plus. Mais appréhender ce qu'est cette mutation et comment y faire face n'est pas des plus aisé, d'autant qu'il nous paraît acquis que les solutions d'hier sont de moins en moins adaptées.

Le parti pris d'Olivier Lajous d'interroger le temps, sa place et sa mesure dans la vie des hommes, nous paraissent excellentes pour évaluer l'impact des mutations que nous vivons en temps réel, et pour mettre l'individu au centre des solutions à élaborer.

Évaluer le rapport au temps du *« politique »* éclaire sur la nature de sa crise. Sa fonction est centrale pour le vivre ensemble, que ce soit au sein de la cité, du pays, de la région, de la planète. On attend qu'il propose un sens d'un futur commun, qu'il vise loin pour dessiner un chemin du possible, qu'il en fasse la base du débat public pour des décisions partagées et impliquant les citoyens.

Mais, à la pression médiatique et son exigence de l'événement renouvelé chaque jour, s'ajoute la prochaine échéance électorale qui pointe à peine la précédente bouclée. L'horizon se rétrécit et l'intérêt partisan l'emporte sur la pédagogie de la complexité ; le fossé avec les citoyens s'élargit, la démocratie est menacée.

Comme l'illustre Olivier, le monde du travail et son rapport au temps sont fortement bousculés. Au cœur d'une organisation de l'économie de plus en plus complexe et mouvante, ses diverses composantes vivent des échelles de temps hétérogènes, rendant plus difficile l'élaboration d'un projet partagé et mettant les individus sous tension quelque soit leur fonction, du burn out du dirigeant à la colère de l'ouvrier soumis à une énième réorganisation qu'il ne comprend pas.

Pour faire simple, à une extrémité la finance évoluant à la nano seconde et imposant son rythme (parce que ceux qui gagnent sont ceux qui sont les plus rapides ?), à l'autre l'individu avec son rythme biologique et sa tendance à trouver les changements déstabilisants. Où trouver du sens quand la valeur de sa boîte fluctue au gré du cours de bourse, sans aucun lien avec la qualité et la régularité du travail accompli ?

L'individualisation s'est petit à petit imposée dans la société comme dans le monde du travail. Cette reconnaissance plus grande de la personne, source d'émancipation et de responsabilité a, dans le même temps, défait les repères collectifs et les solidarités. De nouveaux repères émergent, des communautés d'intérêt se créent. Entre nouvelles solidarités et néo corporatismes, de quoi seront elles productrices ?

Construire de l'intérêt commun n'est ni naturel ni spontané. Comment réarticuler l'individu et le collectif, dimension centrale des rapports entre les personnes, du projet collectif, du vivre ensemble ?

Il fut un temps où les chants de marins rythmaient la cadence et assuraient la synchronisation des gestes, assurant une forme de cohérence sans marge de liberté individuelle, et avec des conditions de travail heureusement révolues. L'expérience conduite par Olivier (cf. chapitre *«le temps du travail»,* page 74/75) prouve que la réalisation d'un objectif collectif pouvait être tenu (sur un navire militaire !) en favorisant liberté individuelle et responsabilité.

La condition ? Faire confiance aux personnes et à leur capacité à assumer leur responsabilité. Ça n'a apparemment rien de révolutionnaire, et on aura du mal à trouver un dirigeant s'y opposer par principe.

Cependant, on rencontre surtout des organisations descendantes, aux injonctions impératives laissant peu de place aux initiatives. Pourquoi ce tel écart ? Par confort ou sécurité ? Sans doute, mais reconnaissons-le, le poids du modèle dominant qu'impose l'interdépendance des entreprises, met sous contrainte et limite les marges de liberté. Un certain nombre de problèmes ne peuvent trouver réponse que dans une autre approche nouvelle du développement.

Dans ce domaine, comme dans d'autres, la solution n'est pas dans un ensemble de règles visant à régler toutes les situations ou listant les limites et les interdits. Bien sûr il faut des protections solides et générales, nous sommes dans un monde de rapport de force où les plus faibles sont la plupart du temps les victimes. Mais il faut aussi un cadre ouvert prenant en compte les aspirations des salariés et les besoins des entreprises, les uns et les autres mouvants.

Il y a déjà un moment que nous constatons que le temps passé sur un lieu de travail rend de moins en moins compte du temps qu'on y consacre, que la frontière entre temps travaillé et temps personnel est de plus en plus poreuse. Aux nouvelles contraintes de ce travail connecté et omniprésent, les salariés devraient disposer de libertés pour gérer les équilibres vie personnelle / contraintes professionnelles. Ils devraient disposer de temps pour réaliser un projet personnel, s'investir dans la vie publique ou associative, consacrer du temps à leurs enfants ; du temps disponible quand on en a besoin sans avoir à attendre la fin d'une activité professionnelle. Nous entrerions ainsi dans une démarche appréhendant le temps globalement et tout au long de la vie.

La numérisation de l'économie va très probablement accélérer et amplifier les changements en cours. Pas mal de nos repères vont voler en éclat en matière de temps de travail, mais pas seulement. Nous allons devoir reconstruire des systèmes collectifs soutenables et adaptés aux besoins d'aujourd'hui et de demain. Les valeurs auxquelles nous sommes attachés et qui caractérisent l'Europe ont besoin d'être insérées dans des mécanismes adaptés au contexte si nous voulons qu'elles produisent le progrès qui en découle. Voilà un livre qui pousse à la réflexion et peut aider ceux qui ont envie de peser sur le sens de ce que sera notre avenir.

L'HARMATTAN ITALIA
Via Degli Artisti 15; 10124 Torino

L'HARMATTAN HONGRIE
Könyvesbolt ; Kossuth L. u. 14-16
1053 Budapest

L'HARMATTAN KINSHASA
185, avenue Nyangwe
Commune de Lingwala
Kinshasa, R.D. Congo
(00243) 998697603 ou (00243) 999229662

L'HARMATTAN CONGO
67, av. E. P. Lumumba
Bât. – Congo Pharmacie (Bib. Nat.)
BP2874 Brazzaville
harmattan.congo@yahoo.fr

L'HARMATTAN GUINÉE
Almamya Rue KA 028, en face
du restaurant Le Cèdre
OKB agency BP 3470 Conakry
(00224) 657 20 85 08 / 664 28 91 96
harmattanguinee@yahoo.fr

L'HARMATTAN MALI
Rue 73, Porte 536, Niamakoro,
Cité Unicef, Bamako
Tél. 00 (223) 20205724 / +(223) 76378082
poudiougopaul@yahoo.fr
pp.harmattan@gmail.com

L'HARMATTAN CAMEROUN
BP 11486
Face à la SNI, immeuble Don Bosco
Yaoundé
(00237) 99 76 61 66
harmattancam@yahoo.fr

L'HARMATTAN CÔTE D'IVOIRE
Résidence Karl / cité des arts
Abidjan-Cocody 03 BP 1588 Abidjan 03
(00225) 05 77 87 31
etien_nda@yahoo.fr

L'HARMATTAN BURKINA
Penou Achille Some
Ouagadougou
(+226) 70 26 88 27

L'HARMATTAN SÉNÉGAL
10 VDN en face Mermoz, après le pont de Fann
BP 45034 Dakar Fann
33 825 98 58 / 33 860 9858
senharmattan@gmail.com / senlibraire@gmail.com
www.harmattansenegal.com

L'HARMATTAN BÉNIN
ISOR-BENIN
01 BP 359 COTONOU-RP
Quartier Gbèdjromèdé,
Rue Agbélenco, Lot 1247 I
Tél : 00 229 21 32 53 79
christian_dablaka123@yahoo.fr

643662 - Mars 2016
Achevé d'imprimer par